"十四五"职业教育国家规划教材

○ 主　编　张家佩　许　平
○ 副主编　彭　博　陶　刚
○ 参　编　莫　婷　邱　萍

新能源汽车动力电池管理及维护技术

电子工业出版社

Publishing House of Electronics Industry

北京·BEIJING

内 容 简 介

本书是采用基于工作过程的方法进行编写的,以项目引领,以任务为载体组织内容。本书内容主要包括动力电池的认识与维护、纯电动汽车电源系统的认识与检测、动力电池充电系统的认识与检测、动力电池管理系统的认识与检测、常见故障诊断五个项目,每个项目下面还包含若干个学习任务,每个学习任务以实际工作任务导入,提高学生学习兴趣。同时,本书还配有大量的图片资料,有助于学生学习和理解知识。

本书适合开设新能源汽车相关专业的职业院校使用,也可以供新能源汽车技术培训机构使用,同时也可以作为新能源汽车从业人员的学习参考书。

未经许可,不得以任何方式复制或抄袭本书之部分或全部内容。
版权所有,侵权必究。

图书在版编目(CIP)数据

新能源汽车动力电池管理及维护技术 / 张家佩,许平主编. —北京:电子工业出版社,2020.11

ISBN 978-7-121-39712-7

Ⅰ. ①新… Ⅱ. ①张… ②许… Ⅲ. ①新能源—汽车—蓄电池—管理—职业教育—教材 ②新能源—汽车—蓄电池—车辆检修—职业教育—教材 Ⅳ. ①U469.703

中国版本图书馆 CIP 数据核字(2020)第 189283 号

责任编辑:白　楠
印　　刷:天津千鹤文化传播有限公司
装　　订:天津千鹤文化传播有限公司
出版发行:电子工业出版社
　　　　　北京市海淀区万寿路 173 信箱　邮编　100036
开　　本:787×1 092　1/16　印张:10　字数:256 千字
版　　次:2020 年 11 月第 1 版
印　　次:2025 年 6 月第 15 次印刷
定　　价:38.50 元

凡所购买电子工业出版社图书有缺损问题,请向购买书店调换。若书店售缺,请与本社发行部联系,联系及邮购电话:(010)88254888,88258888。

质量投诉请发邮件至 zlts@phei.com.cn,盗版侵权举报请发邮件至 dbqq@phei.com.cn。
本书咨询联系方式:(010)88254592,bain@phei.com.cn。

前　言

随着我国汽车产量的逐年增长，汽车带来的环境污染、能源短缺等问题日益凸显，加快发展新能源汽车已成为全世界的共同呼声。党的二十大报告指出，"推动战略性新兴产业融合集群发展，构建新一代信息技术、人工智能、生物技术、新能源、新材料、高端装备、绿色环保等一批新的增长引擎"。近年来，新能源汽车产业得到了国家政策及资金的大力支持，新能源汽车市场也因此迅猛发展，新能源汽车的需求缺口巨大。2020 年，新能源汽车人才需求总量为 85 万人，缺口约为 68 万人。培养新能源汽车技术人员任重道远。

新能源汽车对于职业教育来说是全新的领域，为满足新能源汽车市场对新能源汽车人才的需求及职业院校新能源汽车专业的教学要求，编者编写了本书。本书采用基于工作过程的方法进行组织编写。在进行企业充分调研的基础上，对本书的内容进行了整合，按照新能源汽车维修岗位应掌握的技能和知识，对动力电池及其管理与检修进行全方位讲解。本书分为动力电池的认识与维护、纯电动汽车电源系统的认识与检测、动力电池充电系统的认识与检测、动力电池管理系统的认识与检测、常见故障诊断五个项目，每个项目下面还包含若干学习任务，每个学习任务以实际工作任务导入，结合行动导向六步教学法进行教学流程的整合，包括任务目标、任务引入、知识准备、任务分析、任务实施、任务评价、任务小结等 7 部分，根据学生的学习规律，循序渐进，提高学习效果。

本书由广西柳州市第一职业技术学校张家佩、许平担任主编，柳州市第一职业技术学校彭博、陶刚担任副主编，柳州市第一职业技术学校莫婷、邱萍参编。其中，张家佩负责编写项目 3 和项目 2 中的任务 2.2，许平负责编写项目 5，彭博负责编写项目 1，陶刚负责编写项目 4，邱萍负责编写项目 2 中的任务 2.1。本书在编写过程中，还得到了莫婷、北京百通科信机械设备有限公司的大力支持，在此一并表示感谢。

由于编者水平有限，书中难免有错漏之处，恳请广大读者批评指正。

编者

目　　录

项目 1　动力电池的认识与维护 ·· 1

　　任务 1.1　认识动力电池 ·· 2
　　　　一、动力电池的定义 ·· 2
　　　　二、动力电池的性能参数 ·· 3
　　　　三、动力电池的类型、特点及应用车型 ·· 4
　　任务 1.2　动力电池的检查与维护 ·· 12
　　　　一、动力电池箱体的组成结构及特性 ·· 13
　　　　二、动力电池的检查与维护 ·· 13
　　　　三、动力电池的拆装 ·· 15

项目 2　纯电动汽车电源系统的认识与检测 ·· 20

　　任务 2.1　认识纯电动汽车电源系统 ·· 21
　　　　一、电源系统的作用 ·· 21
　　　　二、高压电源系统 ·· 22
　　　　三、低压电源系统 ·· 24
　　任务 2.2　电源系统高压线束的检查与维护 ·· 26
　　　　一、认识高压线束 ·· 27
　　　　二、高压线束的检查与维护 ·· 32

项目 3　动力电池充电系统的认识与检测 ·· 42

　　任务 3.1　充电系统的认识与使用 ·· 43
　　　　一、汽车充电系统概述 ·· 44
　　　　二、慢充系统 ·· 44
　　　　三、快充系统 ·· 49
　　　　四、电动汽车常用充电方式的操作流程 ·· 51
　　　　五、充电设备的检查与维护 ·· 54
　　任务 3.2　车载充电机的拆装与检测 ·· 62

　　　　一、认识车载充电机 63
　　　　二、车载充电机的功能 63
　　　　三、车载充电机的结构 65
　　　　四、车载充电机的工作原理 67
　　　　五、车载充电机的维护与拆装 68
　　任务3.3　DC/DC转换器的拆装与检测 75
　　　　一、认识DC/DC转换器 76
　　　　二、DC/DC转换器的工作原理 78
　　　　三、DC/DC转换器的维护与拆装 80
　　任务3.4　高压控制盒的拆装与检测 87
　　　　一、认识高压控制盒 88
　　　　二、高压控制盒的工作原理 94
　　　　三、高压控制盒的维护与拆装 95

项目4　动力电池管理系统的认识与检测 102

　　任务4.1　认识动力电池管理系统 103
　　　　一、动力电池管理系统的定义 104
　　　　二、动力电池管理系统的基本组成 104
　　　　三、动力电池管理系统的基本功能 105
　　　　四、动力电池管理系统的工作原理 106
　　任务4.2　动力电池状态监测 115
　　　　一、单体电池电压采集 116
　　　　二、温度采集 117
　　　　三、电流采集 118
　　任务4.3　动力电池能量管理 121
　　　　一、均衡控制管理及其意义 122
　　　　二、均衡控制管理的分类 123
　　任务4.4　动力电池信息管理 128
　　　　一、动力电池信息显示 129
　　　　二、动力电池管理系统与其他控制系统之间的信息交互 130
　　　　三、历史信息的存储与分析 132

项目5　常见故障诊断 138

　　任务5.1　动力电池及其管理系统常见故障诊断 139
　　　　一、动力电池常见故障诊断 139
　　　　二、动力电池管理系统常见故障诊断 141
　　任务5.2　充电系统常见故障诊断 147
　　　　一、充电系统常见故障的诊断与排除 147
　　　　二、北汽EV200慢充系统故障检测及维修实例 149

项目 1 动力电池的认识与维护

项目概述

　　动力电池是纯电动汽车的动力来源，是存储电能的装置，是纯电动汽车不可缺少的组成部分，目前也是制约电动汽车发展的关键因素。

　　纯电动汽车使用的动力电池可分为锂离子电池、镍氢电池、燃料电池等。

　　本项目介绍纯电动汽车动力电池的作用、类型、结构、性能及发展趋势。

思维导图

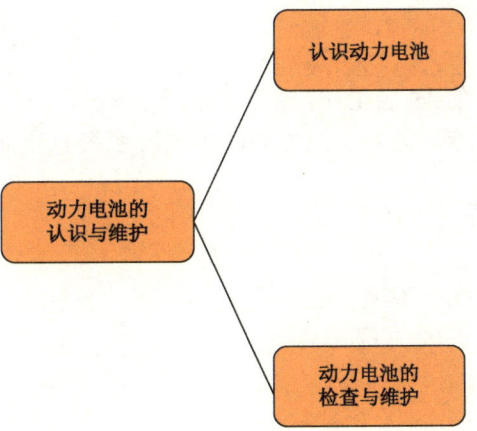

任务 1.1 认识动力电池

思政目标

本任务学习认知新能源汽车常见的几种动力电池的结构性能及工作原理，引导和强化学生绿色低碳意识及环保责任感；学习讲解过程中通过分享宁德时代、比亚迪等国内优秀电池企业发展案例，宣扬爱国主义和创新精神，提升学生民族自豪感。

任务目标

知识目标	1. 能够表述动力电池的含义 2. 能够表述动力电池各性能参数的含义 3. 熟悉锂离子电池、镍氢电池、燃料电池的结构特点及应用车型
技能目标	1. 能识别镍氢电池的结构及组成部件 2. 能画出镍氢电池的工作原理图

任务引入

小张在一家新能源汽车 4S 店工作，今天接到了一辆故障车，车辆的高压和低压供电均出现问题，要维修这类故障，需要对纯电动汽车电源系统有全面的认识。

知识准备

参考后面的内容，完成下列填空题。

（1）纯电动汽车的三大关键部件是_____、_____和_____
_____。
（2）动力电池的定义：_____。
（3）动力电池的性能指标有_____、_____、_____、_____
和_____、_____、_____、_____。
（4）比功率是_____。
（5）比能量是_____。
（6）丰田普锐斯所使用的动力电池类型是_____。

一、动力电池的定义

动力电池、电机和电控系统是新能源汽车的三大关键组成部分。其中，动力电池是纯

项目 1 动力电池的认识与维护

电动汽车的"心脏"。对于动力电池，目前仍无统一的定义。动力电池的名称来源于动力机械应用领域，目前习惯于将用于电动汽车的电池称为"动力电池"，因为电池厂家生产的同一类型的电池不仅用于电动汽车，还用于电动自行车、备用电源、储能电站等。在国家标准 GB/T 19596—2004 中，动力电池的定义为：为电动汽车动力系统提供能量的蓄电池。

二、动力电池的性能参数

动力电池在纯电动汽车上有着不可替代的作用，为整车提供电能输出及存储。如何选择合适的动力电池，要看其性能指标。动力电池的性能指标有电压、电池容量、能量、功率、自放电率、放电速率、内阻、使用寿命、成本。

1. 电压

电池电压分为端电压、开路电压、额定电压、工作电压和终止电压。
（1）端电压：指的是电池正极与负极之间的电位差。
（2）开路电压：指的是电池在开路状态下的端电压，即电池在没有负载情况下的端电压。
（3）额定电压：电池在标准规定条件下工作时应达到的电压，它是选用电池的一个重要参数。
（4）工作电压：分为放电电压和充电电压。放电电压指的是电池两端连接负载后在放电过程中所显示的电压，充电电压是指电池充电时的端电压。
（5）终止电压：是在一定标准所规定的放电条件下，不宜再继续放电时，电池的最低工作电压。当电池电压下降到终止电压后，再继续使用，会降低电池的使用寿命。

2. 电池容量

电池容量指充满电的电池在指定条件下放电到终止电压时输出的电量，常用单位为安培·小时（A·h），电池的容量分为理论容量、实际容量、标称容量和额定容量。
（1）理论容量：是把活性物质的质量按法拉第定律计算而得到的理论值。
（2）实际容量：是电池在一定条件下所能输出的电量，等于放电电流与放电时间的乘积。
（3）标称容量：在一定标准所规定的条件下，厂家标出的电池应保证具有的存储电量。
（4）额定容量：也称保证容量，根据国家标准，指的是能保证电池在一定放电条件下应该放出的最低限度的容量。

电池的荷电状态（SOC）：是电池剩余容量占额定容量的百分比。SOC＝1 表示电池为充满状态。随着电池放电，电池的电荷逐渐减少，一般电池放电高效率区为（50%~80%）SOC。

3. 能量

能量是指在规定的放电制度下电池所输出的电能，它决定电动汽车的行驶距离。

（1）标称能量：是在一定标准所规定的放电条件下电池所输出的能量。电池的标称能量是电池的额定容量与额定电压的乘积。

（2）实际能量：是在一定条件下电池所能输出的能量。电池的实际能量是电池的实际容量与平均工作电压的乘积。

（3）比能量（W·h/kg）：是单位质量的动力电池组所能输出的能量。比能量的大小决定了纯电动汽车的续驶里程。

（4）能量密度（W·h/L）：是单位体积的动力电池组所能输出的能量。

4. 功率

功率指在一定的放电制度下，电池在单位时间内所输出的能量。电池的功率决定了纯电动汽车的加速性能和爬坡能力。

（1）比功率（W/kg）：指单位质量的电池所能输出的功率。

（2）功率密度（W/L）：指单位体积的电池所能输出的功率。

5. 自放电率

自放电率是电池在无负荷时自身放电时容量损失的速度。

6. 放电速率

（1）时率：电池以某种电流强度放电，放完额定容量所经过的放电时间。

（2）倍率：电池以某种电流强度放电的数值为额定容量数值的倍数。

7. 内阻

内阻是电流流过电池内部所受到的阻力。

8. 使用寿命

使用寿命是电池在规定条件下的有效寿命。电池内部发生短路或损坏而不能使用，以及容量达不到规范要求时，电池的使用寿命终止。

电池的使用寿命分为时间使用寿命和循环使用寿命。

9. 成本

电池的成本与电池的技术含量、材料、制作方法和生产规模有关。目前，动力电池成本较高，使得电动汽车的成本也随之增高，如何制造低成本、高效率的动力电池是降低纯电动汽车成本的关键。

三、动力电池的类型、特点及应用车型

1. 镍氢电池组成及作用

镍氢电池由单体电池、能量管理系统（BMS）、温度监测、电压监测、电流传感器、正

极接触器、负极接触器、预充电电阻、检修开关、外壳等组成（图1-1）。

1）单体电池

单体电池是直接将化学能转换为电能的基本装置和基本单元，一个完整的动力电池由多个电池组组成，电池组由多个电池包组成，电池包由多个单体电池组成。

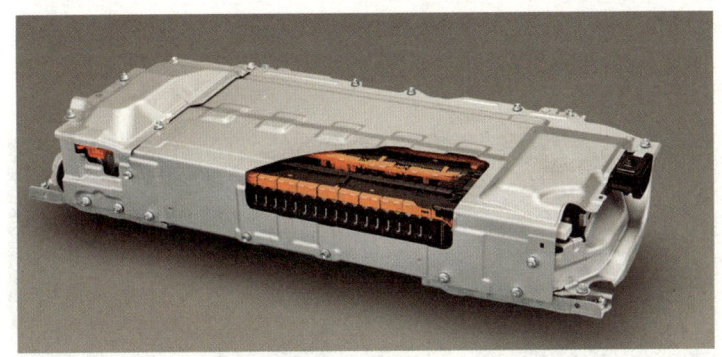

图1-1 镍氢电池

2）能量管理系统（BMS）

能量管理系统（BMS）的主要作用是负责监测动力电池的电压、温度、电流等，从而对动力电池进行有效的管理，保持动力电池系统正常使用，并提高电池寿命。

3）温度监测

温度监测的主要作用是监测动力电池各单体电池的温度并反馈给能量管理系统（BMS）。

4）电压监测

电压监测的主要作用是监测动力电池各单体电池的电压并反馈给能量管理系统（BMS）。

5）电流传感器

电流传感器在动力电池充电或放电时监测母线输出电流并反馈给能量管理系统（BMS）。

6）正、负极接触器

正、负极接触器实际上是与传统汽车继电器作用相似，以小电流控制大电流运作的一种"自动开关"，在电路中与其他元器件组成安全保护机制与转换电路等。

7）预充电电阻

在预充电过程中，在充电回路串联预充电电阻，对预充电电流的大小进行限制，避免上电瞬间短路产生的较大充电电流损坏功率器件。

8）检修开关

检修开关对电路短路、过载进行断电保护，平时拉闸断电可防止误操作。

9）外壳

外壳起到支撑和保护动力电池内部零件的作用。

镍氢电池主要由氢离子和金属镍组成，每一个单元电池的额定电压为1.2V。其主要优点：使用寿命较长，循环充放电次数高达1000次，其次镍氢电池的比能量达到50～70W·h/kg，比功率达到150～300W/kg，这在动力电池中也是比较出色的；它还具有耐过充、过放电能力强、绿色环保等优点。它的使用温度范围广，可在-23～+55℃下正常工作。镍氢电池的缺点是价格比镍镉电池贵，性能比锂电池差，自放电损耗较大，月损失达到20%～40%。镍氢电池中的"金属"部分实际上是金属氢化物，其化学反应为：电池充电时，氢氧化钾（KOH）电解液中的氢离子（H+）会被释放出来，由化合物将它吸收，避免形成氢气（H_2），以保持电池内部的压力和体积；当电池放电时，这些氢离子便会经由相反的过程回到原来的地方。

普锐斯镍氢电池安装位置如图 1-2 所示。

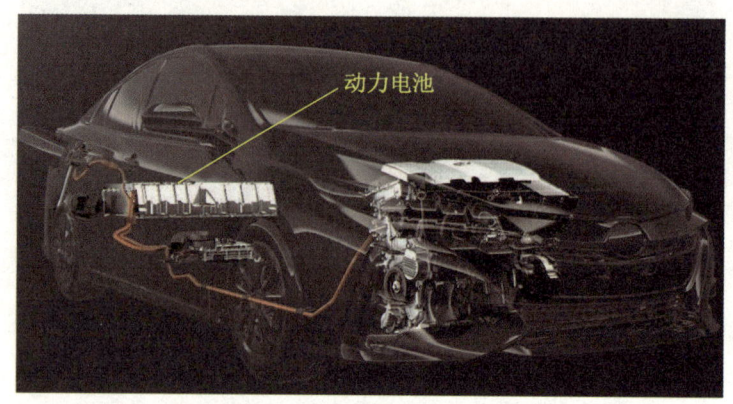

图 1-2　普锐斯镍氢电池安装位置

2. 锂离子电池

1）锂离子电池的组成

锂离子电池由正极、负极、电解质、隔膜板、正极接线柱、负极引线、中心端子、绝缘板、保护阀、密封圈、PTC（正温度控制）元件、蓄电池外壳等组成（图 1-3）。

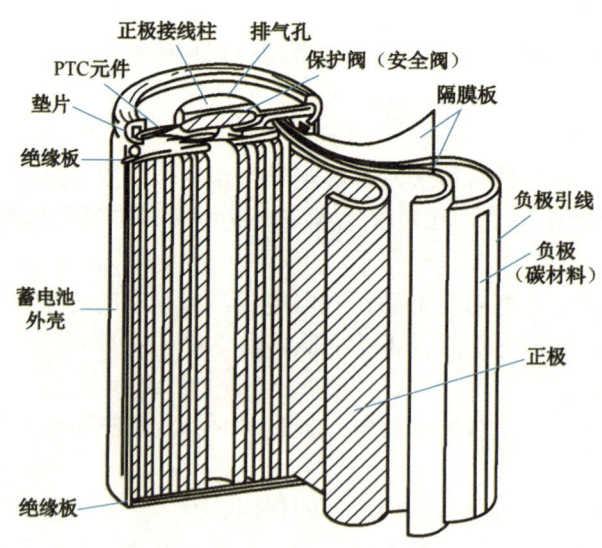

图 1-3　锂离子电池的组成

2）锂离子电池的工作原理

电池充电时，锂离子从正极材料的晶格中脱出，通过电解质溶液和隔膜板嵌入负极中。放电时，锂离子从负极中脱出，通过电解质溶液和隔膜板嵌入正极材料晶格中。在整个充、放电过程中，锂离子往返于正、负极之间（图1-4）。

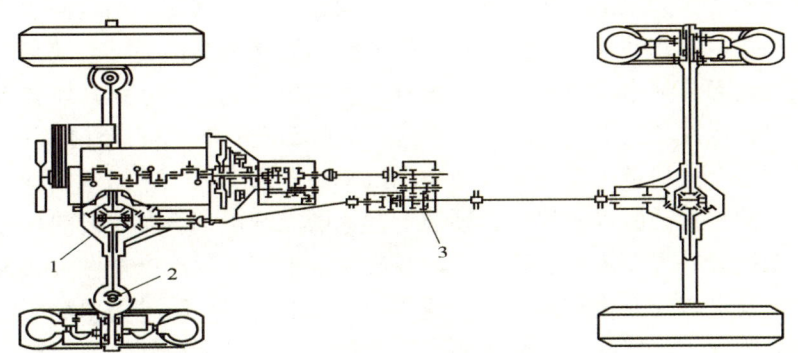

图1-4　锂离子电池工作原理

3）锂离子电池的特点

优点：工作电压高、比能量高、循环寿命长、自放电率低、无记忆性、可实现快速充电、对环境无污染、能够制造成任意形状。

缺点：成本高、单体电池需要保护线路控制，成组电池需要配有管理系统。

3. 燃料电池

燃料电池能量密度极高，接近于汽油和柴油的能量密度，几乎是零污染，号称"终极电池"，代表着电动汽车未来的发展方向，也是各国重点研发的领域之一。

优点：节能、转换效率高、对环境污染小（排放基本达到零污染）、燃料适用范围广、无振动和噪声、寿命长、结构简单、运行平稳、使用方便。

缺点：燃料种类单一、要求高质量的密封、价格高、需要配备辅助电池系统。

4. 动力电池的发展

纯电动汽车用动力电池的研究主要集中在锂离子电池上，其次为铅酸电池、镍氢电池等。从世界范围内专利申请的总量来看，日本在纯电动汽车用动力电池及其管理系统相关专利上申请数量最多。从日本国内的专利申请量来看，超过90%的专利申请来自日本申请人。无论是从世界专利申请的拥有量角度，还是从日本专利申请中日本申请人所占的份额角度上看，日本在纯电动汽车用动力电池及其管理系统领域实力很强，掌控着绝大部分专利技术。

作为世界上最大的汽车生产和消费国之一，美国纯电动汽车用动力电池的研究主要集中在锂离子电池，锂离子电池相关专利数量占动力电池专利数量的70%以上，其次为铅酸电池、镍氢电池、空气电池和钠电池等。从世界范围内的专利申请的总量来看，截至2010年6月，美国的纯电动汽车用动力电池及其管理系统相关专利申请数量位于日本之后，排名第二。从美国国内的专利申请量来看，在和纯电动汽车用动力电池及其管理系统有关的专利申请中，来自日本申请人的专利最多，接近总量的 60%，而来自美国申请人的专利申请数量次于日本。

当前我国纯电动汽车用动力电池技术发展很快，但存在两个明显缺点，第一个缺点就是缺乏深层次技术，比如电池的化学问题、物理问题、温度问题、结构问题等，在这些方面我们研发还不够，没有能够建立数学模型把这些问题搞清楚；另一个缺点是缺乏评价体系，虽然现在我国部分纯电动汽车运行得很好，但缺乏好的评价系统，比如电池的安全性怎么样，在高温、低温环境下能不能正常工作，这些都没有一个好的评价系统。

在中国这样一个人口稠密的国家，纯电动汽车市场潜力巨大，与纯电动汽车发达国家相比，还有不小的差距。所以，我们必须追上发达国家纯电动汽车研发的步伐，从电源、集成电路、电源板块等方面进行认真研发，齐心协力把动力电池产业做大做强。我国动力电池已开始由研发进入产业化阶段，并出现了加快发展的势头。动力电池研发产品的主要性能已达国际先进水平，但存在一些薄弱环节。目前国产动力电池已显示出了较明显的成本优势，部分企业的能量型动力电池成本仅是日、美企业的一半左右，这就意味着，我国纯电动汽车的商业化有条件加速推进，并以成本优势实现大规模出口。

全球动力电池产业目前面临技术制约和成本制约，只有当动力电池性能得到改善、成本大幅降低、规模化应用之后，才能带动其他较为成熟的环节大力发展。因此动力电池是纯电动汽车产业链中最具投资价值的环节，最有可能获得超额收益。

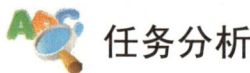 任务分析

要解决任务引入中的问题，须对动力电池有一定的了解，包括动力电池的定义、性能参数、类型、特点。

 任务实施

根据任务分析，本任务的重点是认识纯电动汽车动力电池，能在实车上认识并找出动力电池，明确其安装位置。

认识动力电池　实训任务单

姓名		班别		学号	
实训车型	北汽 EV200 动力电池包	需要的检测设备	万用表，绝缘表等		
实训目标	1. 认识新能源汽车动力电池包简单结构，查询学习动力电池相关参数，对动力电池包进行简单检测 2. 养成安全生产的习惯 3. 组员间合作学习，培养团结协作精神				

一、根据实训内容，填写组员分工表

组员分工表

姓名	任务分工（完成步骤）

二、实训操作

实训活动	操作内容	备注
1. 前期准备	准备工具，给车辆垫好三角木，安装三件套等	
2. 动力电池包结构认识	查阅维修手册或者网上查询动力电池基本参数，完成以下表格 | 车型	北汽EV200 | |---|---|
电池类型	
电池组质保	
动力电池包电压（V）	
动力电池包容量（KWh）	
电池能量密度（Wh/kg）	
普通充电时间（h）	
快速充电时间(h)	
续航里程(公里)			

续表

3．动力电池包结构认识	观察动力电池包，记录动力电池相关结构信息 1．观察动力电池包内电池模组是否有编号　□是　　□否 编号的内容是＿＿＿＿＿＿＿＿＿＿＿＿＿＿＿＿＿＿＿＿＿＿。 2．观察动力电池包内单体电池的外观，其类型是： 【□圆柱；□长方形；□长条形】　【□硬壳；□软壳】。 3．用万用表测量单体电池的电压是＿＿＿＿＿＿＿V，其类型是 【□三元锂电池；□磷酸锂电池；□钛酸锂电池 】 4．观察电池模块内，有＿＿＿＿＿个单体电池组成，单体电池采用连接方式是 【□串联；□并联；□串并联 】 5．观察电池模块内，单体电池与单体电池之间的连接方式是 【□金属导条焊接；□金属导条　螺栓】 【□正极与正极连接在一起；□正极与负极连接在一起】。 6．观察电池模组内，有＿＿＿＿＿个电池模块组成，电池模块采用的连接方式 【□串联；□并联；□串并联 】 7．观察电池模组内，电池模块与电池模块的连接方式是 【□串联；□并联；□串并联 】　　【□串联；□并联；□串并联 】 8．观察动力电池组，模组与模组之间连接方式是 【□串联；□并联；□串并联 】　　【□串联；□并联；□串并联 】 【□串联；□并联；□串并联 】	
4．动力电池模组的认识与测量	一、观察动力电池组连接方式（实物或符号），绘制示意图 二、电池包模组电压测量 		单体电池数量	电压（计算值）	电压（实测值）	结论	
---	---	---	---	---	---
1号模组				□正常	□异常
2号模组				□正常	□异常
3号模组				□正常	□异常
4号模组				□正常	□异常
5号模组				□正常	□异常
……				□正常	□异常
电池组				□正常	□异常		
5．现场恢复	复原车辆，整理工具，清洁实训场地	

这次实训中，我的收获是：

项目 1　动力电池的认识与维护

 任务评价

任务评价见表1-1。

表1-1　任务评价

考核项目		评分标准	学生自评（20%）	小组互评（40%）	教师评价（40%）	小计
知识目标（30分）	动力电池的定义（10分）	能完整叙述				
	动力电池的性能参数（10分）	能完整叙述				
	动力电池的类型特点及其应用车型（10分）	能完整叙述				
技能目标（50分）	会查找动力电池基本参数（25分）	会查找				
	能正确认识动力电池包，并对其进行简单检测（25分）	会操作				
素质目标（20分）	安全、规范操作（5分）	做到做好				
	操作步骤、流程正确完整（5分）	正确熟练				
	团队合作（5分）	是否和谐				
	现场7S（5分）	是否做到				
总评						

 任务小结

（1）本任务的学习目标是：

（2）我的任务目标达成情况是：

（3）我今后的努力方向或改进方法：

任务 1.2　动力电池的检查与维护

思政目标

本任务通过分组团队完成动力电池的检查与维护的学习任务，融入团队合作力量思想的思政教学，引导和强化学生的团队合作精神；同时，在完成任务的过程中，融入劳动精神的思政教学，帮助学生树立吃苦耐劳的正确劳动价值观。

任务目标

知识目标	1. 了解动力电池箱体的组成结构及特性 2. 了解动力电池外观的检查、维护方法及注意事项 3. 了解拆装动力电池的步骤及注意事项
技能目标	1. 能够对动力电池外观进行检查与维护 2. 能够对动力电池进行拆装

任务引入

张先生开着自己的北汽 EV200 在旅游途中不小心磕碰到了底盘，总是担心动力电池会受到损伤，于是开到 4S 店进行检查。作为维修人员，请你利用本任务所学的知识完成工作任务。

知识准备

参考后面的内容，完成下列填空题。
（1）动力电池箱体由＿＿＿＿＿、＿＿＿＿＿、＿＿＿＿＿、＿＿＿＿＿、＿＿＿＿＿组成。
（2）动力电池箱体的作用是＿＿＿＿＿＿＿＿＿＿＿＿＿＿＿＿＿＿＿＿＿＿＿＿＿＿＿。
（3）查阅维修资料，北汽 EV200 动力电池箱体的防护等级是＿＿＿＿＿＿。
（4）北汽 EV200 的动力电池属于＿＿＿＿＿＿类型，额定电压为＿＿＿＿＿＿，额定容量为＿＿＿＿＿＿，总能量为＿＿＿＿＿＿。

动力电池是由许多单体电池组成的，为了确保电动汽车的安全性能，保证电动汽车在复杂路况下行驶时安装在底盘上的动力电池不被破坏，需要对动力电池做好相应的防护措施，并定期进行检查和维护。

项目 1　动力电池的认识与维护

一、动力电池箱体的组成结构及特性

动力电池箱体是支撑、固定和包围动力电池系统的组件，起到承载和保护动力电池系统的作用，主要由上盖、下托盘和托盘压条螺钉组成，还包括辅助器件，如过渡件、护板、螺栓和动力电池标识等，动力电池箱体结构如图 1-5 所示。

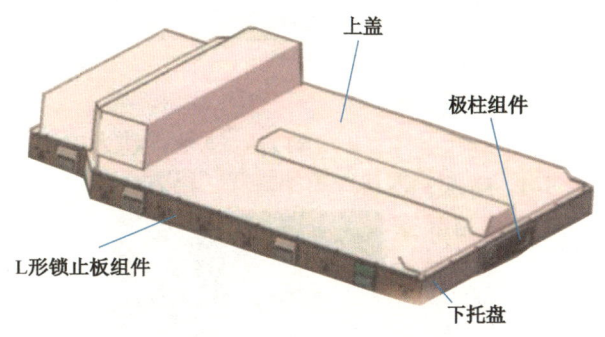

图 1-5　动力电池箱体结构

二、动力电池的检查与维护

动力电池的检查与维护见表 1-2。

表 1-2　动力电池的检查与维护

作业内容及图示	技术规范及要求
检查与维护前的准备工作 	检查与维护高压部件前应先断电 （1）关闭点火开关 （2）拆下蓄电池负极，使用绝缘胶带包好，断开整车低压控制电源 （3）佩戴绝缘手套，断开动力电池高压维修开关 （4）拆下动力电池总正、总负和电压线束插头
动力电池外观检查	动力电池外观检查内容如下 （1）检查上盖有无裂痕、磕碰、凹陷、凸起 （2）检查下托盘压条螺钉有无松动，托盘边缘有无变形、开裂，底部有无凹陷变形 （3）检查动力电池标识是否清晰、有无破损 （4）检查正负极引出线附近螺栓有无断裂 （5）检查采样线接口有无破损

续表

作业内容及图示	技术规范及要求
检查动力电池箱体的密封性能 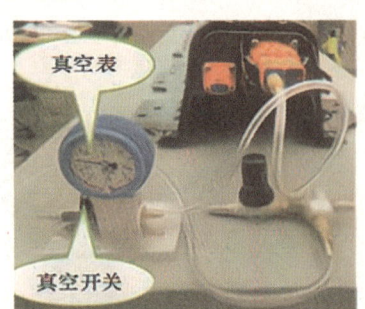	检查动力电池箱体密封性的目的是保证动力电池箱体密封性能良好，防止进水、影响通信，检查密封条的密封情况
检查动力电池螺栓的紧固状态 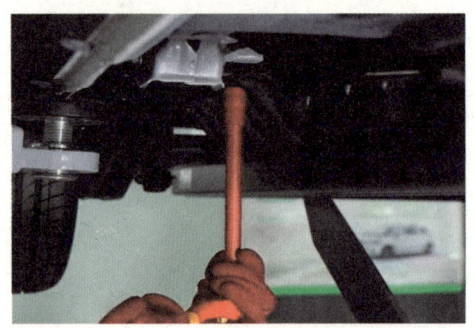	检查动力电池螺栓紧固是否可靠，用扭力扳手按规定次序紧固螺栓，按维修手册要求力矩紧固螺栓
检查动力电池外部高低压插接件 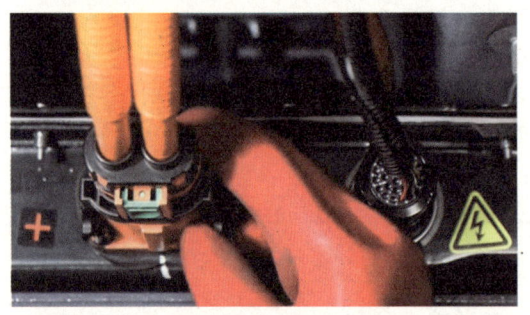	检查动力电池外部高低压输出线束及插接件连接，应无松动、破损、腐蚀等
检查动力电池外部绝缘性能 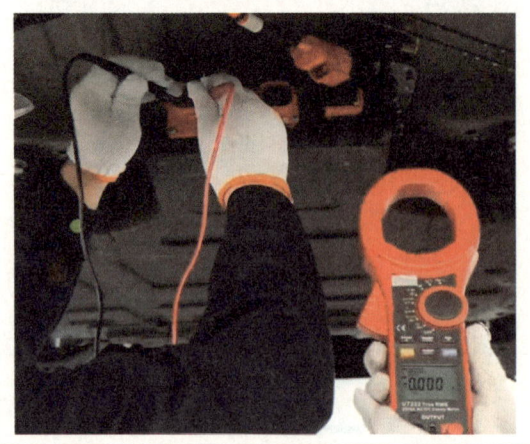	为了避免动力电池漏电，防止线路及内部短路，需要对动力电池高压母线的绝缘性能进行检查 用数字式绝缘表DC1000V分别检测总正、总负搭铁电阻值，若不合格应修复或更换 用表笔测正负母线是否有电压输出

项目 1　动力电池的认识与维护

三、动力电池的拆装

1．动力电池的拆卸（表1-3）

表1-3　动力电池的拆卸

作业内容及图示	技术规范及要求
拆装前的准备工作 	检查与维护高压部件前应先断电 （1）关闭点火开关 （2）拆下蓄电池负极，使用绝缘胶带包好，断开整车低压控制电源 （3）佩戴绝缘手套，断开动力电池高压维修开关
安装液压升降台 	将液压升降台推至动力电池正下方，升起液压升降台，使台面中心与动力电池底部重心位置完全接触，两者之间不产生相互作用力
拆下动力电池总正、总负和电压线束插头 	用力按下插头卡扣，然后用手一边轻轻摇晃插头，一边用力往外拉，直至插头拔出

续表

作业内容及图示	技术规范及要求
拆下动力电池的 10 只安装螺栓 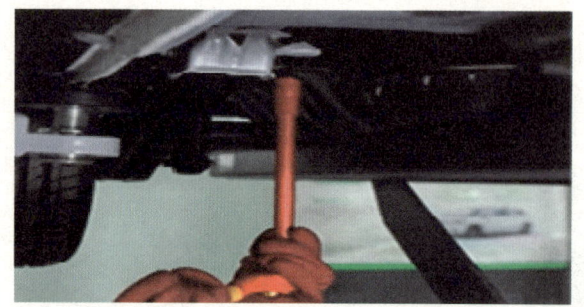	拆卸螺栓时采用对角拆卸方式,至少分三次使用扭力扳手拆卸螺栓
拆下动力电池 	使升降平台缓缓下降,将动力电池取下

2. 动力电池的安装及注意事项

（1）安装前需要对动力电池进行以下检查。
①检查电源线、插头、延长线、保护器是否破裂或损坏。
②检查是否有过热、冒烟、冒火花的迹象。
③检查动力电池系统是否损坏，动力电池是否漏电。
④检查动力电池系统、电源线是否出现进水现象。
⑤检查高压插接件是否与说明书不一致或不能正常对接。
（2）动力电池安装步骤与拆卸步骤相反。
（3）安装动力电池后，须检查动力电池能否正常运行。
①将点火开关打开至 Start 挡，查看仪表盘有无异常报警。
②使用解码仪查看有无故障码，若无故障码，表示运行正常；若有故障码，须根据实际情况进行检查。

 任务分析

要解决任务引入中的问题，须对动力电池有一定的了解，并能对动力电池进行检查、维护与拆装。

项目 1　动力电池的认识与维护

 任务实施

根据任务分析，本任务的重点是对动力电池进行检查、维护。

动力电池的检查与维护　实训任务单

姓名		班别		学号	
实训车型	北汽 EV160/200	需要的检测设备	三件套、车轮挡块、数字式绝缘表等		
实训目标	1. 能够对动力电池进行检查与维护 2. 能够对动力电池进行拆装 3. 养成安全生产的习惯 4. 组员间合作学习，培养团结协作精神				

一、根据实训内容，填写组员分工表

组员分工表

姓名	任务分工（完成步骤）

二、实训操作

实训活动	操作内容	备注
1. 前期准备	准备工具，给车辆垫好三角木，安装三件套、数字式绝缘表等	
2. 动力电池的检查与维护	检查与维护前的准备工作 （1）关闭点火开关　　□完成　　□没完成 （2）拆下蓄电池负极，使用绝缘胶带包好，断开整车低压控制电源 　　　　　　　　　　□完成　　□没完成 （3）佩戴绝缘手套，断开动力电池高压维修开关　□完成　□没完成 （4）拆下动力电池总正、总负和电压线束插头　□完成　□没完成	

续表

	动力电池外观检查		
	（1）检查上盖有无裂痕、磕碰、凹陷、凸起	□有	□无
	（2）检查下托盘压条螺钉有无松动，托盘边缘有无变形、开裂，底部有无凹陷变形	□有	□无
	（3）检查动力电池标识是否清晰、有无破损	□有	□无
	（4）检查正负极引出线附近螺栓有无断裂	□有	□无
	（5）检查采样线接口有无破损	□有	□无
	检查动力电池箱体的密封性能		
	动力电池箱体密封性能是否正常	□正常	□不正常
	检查动力电池螺栓的紧固状态	□正常	□不正常
	检查动力电池外部高低压插接件	□正常	□不正常
	检查动力电池外部绝缘性能		

检测项目	检测结果	标准值	结果判断
总正-车身壳体		>500MΩ	□正常 □不正常
总负-车身壳体		>500MΩ	□正常 □不正常

3.动力电池的拆装	安装动力电池后，须检查动力电池能否正常运行		
	点火开关打开至Start挡，查看仪表盘有无异常报警	□有	□无
	使用解码仪查看有无故障码	□有	□无
4.现场恢复	复原车辆，整理工具，清洁实训场地		

这次实训中，我的收获是：

 任务评价

任务评价见表1-4。

表1-4　任务评价

考核项目		评分标准	学生自评（20%）	小组互评（40%）	教师评价（40%）	小计
知识目标（30分）	了解动力电池箱体的组成结构及特性（10分）	能完整叙述				
	了解动力电池的检查、维护方法及注意事项（10分）	能完整叙述				
	了解拆装动力电池的步骤及注意事项（10分）	能完整叙述				

项目 1 动力电池的认识与维护

续表

考核项目		评分标准	学生自评（20%）	小组互评（40%）	教师评价（40%）	小计
技能目标（50分）	能够对动力电池进行检查与维护（25分）	会查找				
	能够对动力电池进行拆装（25分）	会操作				
素质目标（20分）	安全、规范操作（5分）	做到做好				
	操作步骤、流程正确完整（5分）	正确熟练				
	团队合作（5分）	是否和谐				
	现场7S（5分）	是否做到				
总评						

 任务小结

（1）本任务的学习目标是：

（2）我的任务目标达成情况是：

（3）我今后的努力方向或改进方法：

项目 2 纯电动汽车电源系统的认识与检测

项目概述

纯电动汽车电源系统主要分为高压电源系统和低压电源系统,主要由高压电源、低压电源、高压电缆、高压配电系统等部分组成。纯电动汽车工作时,电源系统通过汽车高压线束向电机及其他电气设备供电。

思维导图

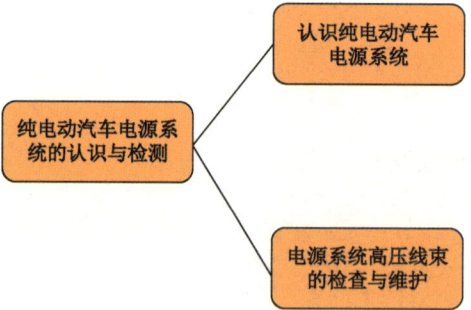

项目 2　纯电动汽车电源系统的认识与检测

任务 2.1　认识纯电动汽车电源系统

思政目标

本任务通过学习认识纯电动汽车高低压电源系统，融入高压危险，做好防护的思政教学，强调高安安全操作规范，引导和强化学生以人为本，做好防护，帮助学生树立安全生产的意识。

任务目标

知识目标	1. 能够表述纯电动汽车电源的类型 2. 能够表述纯电动汽车高压电源系统的作用及组成 3. 能够表述纯电动汽车低压电源系统的作用及组成
技能目标	1. 能在实车上找出高压电源系统的主要部件及配电路径 2. 能在实车上找出低压电源系统的主要部件及配电路径

任务引入

小张在一家新能源汽车 4S 店工作，今天接到一辆故障车，车辆的高压和低压供电均出现问题，要维修这类故障，需要对纯电动汽车电源系统有全面的认识。

知识准备

参考后面的内容，完成下列填空题。
（1）纯电动汽车电源主要分为＿＿＿＿＿＿＿＿和＿＿＿＿＿＿＿＿。
（2）纯电动汽车电源系统由＿＿＿＿＿、＿＿＿＿＿、＿＿＿＿＿、＿＿＿＿＿等部分组成。
（3）纯电动汽车高压电源通过高压控制盒主要给＿＿＿＿＿＿、＿＿＿＿＿＿、＿＿＿＿＿等设备供电。
（4）纯电动汽车低压电池是一个＿＿＿＿＿＿V 的铅酸蓄电池，由动力电池的 290～420V 高压直流＿＿＿＿＿转换而来。低压电池主要给＿＿＿＿＿、＿＿＿＿＿、＿＿＿＿＿、＿＿＿＿＿、刮水器、除霜器和各种控制器等供电。

一、电源系统的作用

纯电动汽车电源主要分为高压电源和低压电源，纯电动汽车电源系统由高压电源、低压电源、高压电缆、高压配电系统等部分组成，其主要作用如下。

（1）纯电动汽车启动时，电源系统向电机及其他电气设备供电。

（2）当蓄电池电压高于或低于设定的电压时，电源系统会切断动力电池，同时发出警告。

（3）当动力电池短路或损坏时，电源系统会切断动力电池以保障人员安全。

（4）电源系统能吸收整车电气系统电路中出现的瞬时过电压，稳定电网电压，保护电子元件。

二、高压电源系统

北汽新能源汽车 EV200 高压电源系统主要包括高压电源（动力电池）、高压配电系统、充电系统、用电设备等。

1. 高压电源

纯电动汽车的高压电源即动力电池，为了使纯电动汽车有更好的驾驶性能和更大的续航里程，纯电动汽车的高压电源是由众多单体电池串联而成的动力电池包，其功能为存储能量和释放能量。动力电池如图 2-1 所示。高压电源通过高压控制盒主要给电机控制器、空调压缩机、空调 PTC 加热装置等供电。

图 2-1　动力电池

2. 高压配电系统

高压配电系统由高压控制盒、电机控制器、电机、DC/DC 转换器、车载充电机、空调压缩机、空调 PTC 加热装置、快充口及慢充口组成，如图 2-2～图 2-7 所示。

图 2-2　电机控制器

图 2-3　高压控制盒

项目 2　纯电动汽车电源系统的认识与检测

图 2-4　DC/DC 转换器

图 2-5　车载充电机

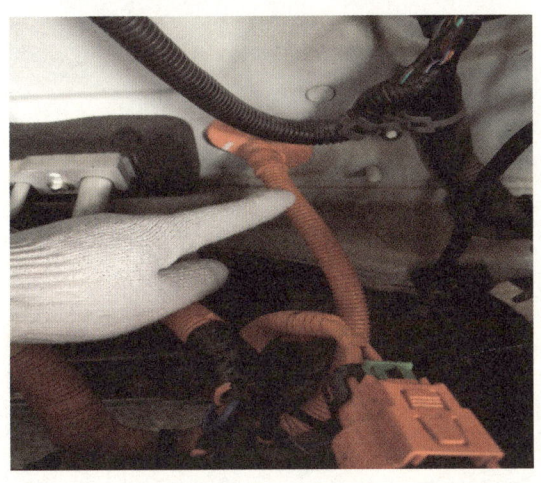

图 2-6　空调 PTC 加热装置

图 2-7　快充口

（1）车辆行驶时，高压电从动力电池经过动力母线输出到高压控制盒，高压控制盒将电能分配给电机控制器，电机控制器驱动电机工作从而使车辆行驶。

（2）空调制冷时，高压控制盒经线束将高压电分配给空调压缩机，从而使空调系统工作。

（3）空调制热时，高压控制盒经线束将高压电分配给空调 PTC 加热装置，从而使空调系统工作。

（4）当低压电池需要充电时，高压控制盒经线束将高压电分配给 DC/DC 转换器，将动力电池电压转换成 14V，给低压电池充电。

（5）当对动力电池进行慢充电时，电流通过慢充口经线束进入车载充电机。车载充电机将其转化成直流电后送入高压控制盒，通过高压控制盒给动力电池充电。

（6）当对动力电池进行快充电时，电流通过快充口经线束进入高压控制盒，高压控制盒内部继电器吸合，通过高压母线给动力电池充电。

三、低压电源系统

纯电动汽车上的电源除动力电池外，还有一个12V的铅酸蓄电池，即低压电池。它主要给汽车低压电气设备，如灯光系统、仪表系统、娱乐系统、电动车窗、刮水器、除霜器和各种控制器等供电。低压电池的12V直流电压由动力电池的290～420V直流电压经DC/DC转换器转换而来。低压电源系统由动力电池、高压控制盒、DC/DC转换器、低压电池等主要部件组成。

要解决任务引入中的问题，须对纯电动汽车电源系统有一定的了解，包括低压电源系统和高压电源系统。

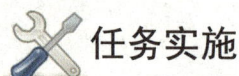

根据任务分析，本任务的重点是认识纯电动汽车电源系统，能在实车上找出纯电动汽车电源系统，明确其安装位置。

认识纯电动汽车电源系统　实训任务单

姓名		班别		学号	
实训车型	北汽EV160/200	需要的检测设备	三件套、车轮挡块等		
实训目标	1. 能在实车上找出纯电动汽车高、低压电源系统，明确其安装位置 2. 养成安全生产的习惯 3. 组员间合作学习，培养团结协作精神				

一、根据实训内容，填写组员分工表

组员分工表

姓名	任务分工（完成步骤）

项目 2 纯电动汽车电源系统的认识与检测

续表

二、实训操作

实训活动	操作内容	备注
1. 前期准备	准备工具，给车辆垫好三角木，安装三件套等	
2. 认识纯电动汽车电源系统主要部件	在车上找到纯电动汽车电源系统主要部件，并填写安装位置，说出其作用 | 元件名称	安装位置 | |---|---| | 动力电池	| | 高压控制盒	| | 车载充电机	| | 电机控制器	| | DC/DC 转换器	| | 高压线束	| | 低压线束	| | 低压电池	| | 快充口	| | 慢充口	|	
3. 现场恢复	复原车辆，整理工具，清洁实训场地	

这次实训中，我的收获是：

任务评价

任务评价见表 2-1。

表 2-1 任务评价

考核项目		评分标准	学生自评（20%）	小组互评（40%）	教师评价（40%）	小计
知识目标（30 分）	纯电动汽车电源系统的类型（10 分）	能完整叙述				
	纯电动汽车高压电源系统的作用及组成（10 分）	能完整叙述				
	纯电动汽车低压电源系统的作用及组成（10 分）	能完整叙述				

续表

考核项目		评分标准	学生自评（20%）	小组互评（40%）	教师评价（40%）	小计
技能目标（50分）	纯电动汽车高压电源系统的主要部件及配电路径（25分）	会查找				
	纯电动汽车低压电源系统的主要部件及配电路径（25分）	会查找				
素质目标（20分）	安全、规范操作（5分）	做到做好				
	操作步骤、流程正确完整（5分）	正确熟练				
	团队合作（5分）	是否和谐				
	现场7S（5分）	是否做到				
总评						

任务小结

（1）本任务的学习目标是：

（2）我的任务目标达成情况是：

（3）我今后的努力方向或改进方法：

任务2.2　电源系统高压线束的检查与维护

思政目标

本任务通过团队完成电源系统高压线束的检查与维护，培养学生相互配合相互协作的工作意识，树立团队合作精神；着重强调实操前的安全检查，培养"公平、公正，实事求是"的职业精神。

项目 2　纯电动汽车电源系统的认识与检测

任务目标

知识目标	1. 了解高压线束的常用规格及常用材料 2. 了解高压线束功能及性能要求 3. 了解高压线束设计原则及高压线束分布 4. 了解高压线束的检查、维护方法及注意事项
技能目标	能够对纯电动汽车高压附件进行检查与维护

任务引入

张先生的北汽新能源汽车 EV200 已经行驶了 13000km，需要到 4S 店进行高压附件的日常检查与维护，作为维修人员，请你利用本任务所学的知识，完成工作任务。

知识准备

参考后面的内容，完成下列填空题。
（1）纯电动汽车中正极电源线、高压线束导线截面积规格为_____。
（2）纯电动汽车常用的线束包扎材料有_____、_____和_____。
（3）根据国家标准，高压线束外观必须使用_____色，以起到高压警示作用。
（4）纯电动汽车整车共有 5 段高压线束，分别为_____、_____、_____、_____、_____。
（5）纯电动汽车在最大工作电压下，直流电路绝缘电阻的最小值应至少大于_____，交流电路绝缘电阻应至少大于_____。

最近，深圳比亚迪 E6 纯电动汽车因事故引发了起火事件。对于起火的原因，专家组一致认为：在发生碰撞后，车身后部及动力电池托盘严重变形，动力电池组和高压配电箱受到严重挤压，导致部分动力电池破损与短路，部分高压线束与车体之间形成回路，产生电弧，引燃内饰等可燃物质。由此可见，纯电动汽车高压线束回路的安全性关系到人身安全，所以对纯电动汽车的高压附件，如高压线，应根据维修手册的要求，进行定期检查与维护。

一、认识高压线束

高压线束指纯电动汽车中的高压电缆和高压接口，它是连接重要部件的关键连接件。

1. 常用线束规格

汽车线束规格按照标称截面积来区分，常用的规格有 0.5mm²、0.75mm²、1.0mm²、1.5mm²、2.5mm²、4.0mm²、6.0mm² 等，它们各自都有允许负载电流值，适用于不同功率的设备。以整车线束为例，不同规格线束的用途见表2-2。

表2-2 不同规格线束的用途

序号	截面积规格/mm²	用途
1	0.5	适用于仪表灯、指示灯、门灯、顶灯等
2	0.75	适用于牌照灯、前后示宽灯、制动灯等
3	1.0	适用于转向灯、雾灯等
4	1.5	适用于前照灯、喇叭等
5	2.5	用于主电源，如发电机电枢线、搭铁线等
6	4.0	
7	≥6.0	蓄电池的搭铁线、正极电源线、高压线束

2．常用材料

1）波纹管

波纹管如图2-8所示，在线束包扎中一般占到60%左右，其主要特点是有较好的耐磨性、耐高温性、阻燃性。波纹管的耐热温度在-40～150℃。由于汽车前舱线束工作环境恶劣，因此大部分用高阻燃性、防水、机械强度高的波纹管包扎。底盘线束因与车体接触较多，因此用波纹管包扎，防止线束磨损。

2）PVC管

PVC管的功用和波纹管差不多，PVC管如图2-9所示。其柔软性和抗弯曲变形性较好，所以PVC管主要用于线束拐弯的分支处。PVC管的耐热温度不高，一般在80℃以下。

3）胶带

胶带如图2-10所示，在线束中起到捆扎、耐磨、绝缘、阻燃、降噪等作用，在包扎材料中一般占到30%左右。

图2-8 波纹管　　　　　图2-9 PVC管　　　　　图2-10 胶带

注意事项：根据国家标准，高压线束外观必须使用橙色，以起到高压警示作用。

3. 高压线束的性能要求

高压线束承载的电流越大，线束直径越大，这使布线走向以及屏蔽电磁干扰显得非常重要。为了确保走线安全，高压线束必须达到以下性能要求。

（1）电压要求。纯电动汽车的电压级别为 B 级，整车额定电压为 DC 1000V、AC 660V；高压线束的额定电压须高于整车额定电压，规定高压线束的额定电压为 AC 750V。

（2）绝缘性能。根据 SAE J1742 的规定，纯电动汽车高压线束必须有较好的绝缘性能。绝缘电阻测试电压为 DC 1000V，在高压线束与所有连接部件脱开的情况下，线束对车体的绝缘电阻在任何情况下均大于 100MΩ。

（3）阻燃要求。不易燃烧，或离开火后会自行熄灭。高压线束所用材料要求的阻燃等级为 UL94V-0。

（4）较高的电磁屏蔽要求。针对汽车在行驶过程中高振动状态下对插接器及线束电性能高可靠性的要求，采用较高可靠性的线缆与外层绝缘材料。

（5）优越的耐冲击和振动能力。采用两次自锁结构，锁紧后可听到清晰的锁紧声。

4. 高压线束的设计原则

（1）双线制设计。纯电动汽车高压部件一般有动力电池、空调压缩机、电动暖风和驱动电机、充电机和 DC/DC 转换器。由于高压部件多为大功率器件，为保证运转良好，安全无漏电，高压电气系统均采用双线制设计。

双线制电路是用导线将电源和用电设备连接起来并使电流通过的回路。电流从正极出发，通过导线到用电设备，再由导线回到电源负极。这样，电源与用电设备之间必须有两根导线，即双线。

单线制电路是从电源到用电设备只用一根导线连接，另一根导线用发动机等金属机件代替以构成回路（即搭铁）。

（2）高低压系统分离式设计将高低压线束分离开来，避免将高压系统产生的电磁干扰引入低压系统，保证低压系统通信、控制信号不受干扰。

（3）高压线束保护套包括波纹管、热缩套管，波纹管的颜色为橙色（GB30）。采用不同颜色的热缩套管对极性进行区分，正极为红色，负极为蓝色，U 相为黄色，V 相为绿色，W 相为红色。

（4）高压线束从类型上分为单芯线和多芯线，高压线束的截面为圆形，其护套颜色为橙色（GB30）。多芯线由多股单芯线组成。

5. 纯电动汽车高压线束分布

纯电动汽车的高压线束是专用电缆，包括高压线束和高压线束专用接口，其功能是传输大电流、大电压的同时满足散热性能、绝缘性能。图 2-11 为北汽 E160 整车高压线束分布。

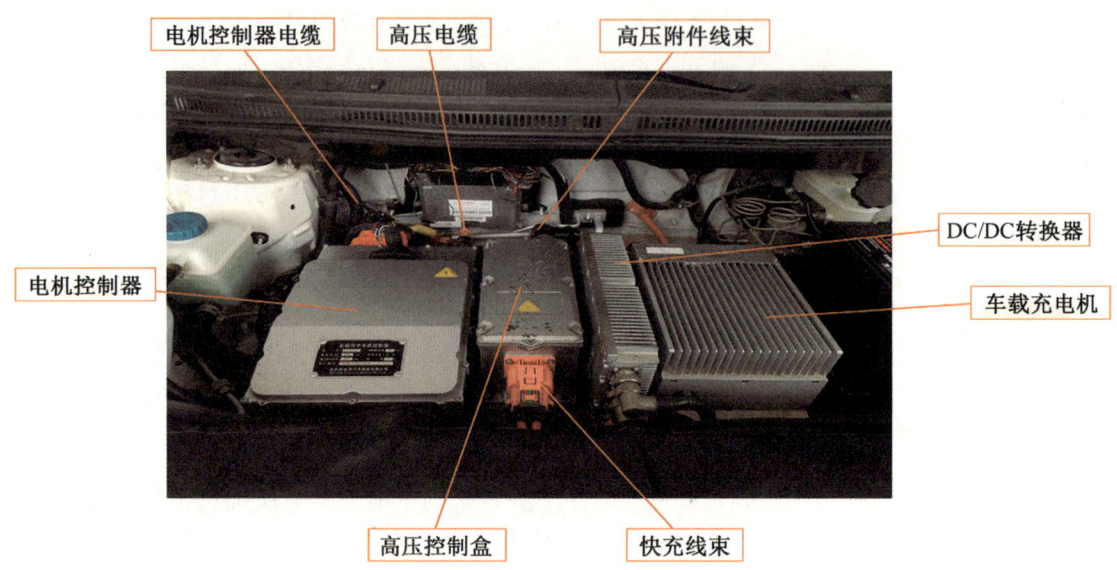

图 2-11　北汽 E160 整车高压线束分布

纯电动汽车整车共有 5 段高压线束，分别为动力电池高压线束、电机控制器高压线束、快充线束、慢充线束、高压附件线束。

（1）动力电池高压线束。动力电池高压线束是连接动力电池与高压控制盒的高压线束，如图 2-12 所示。

图 2-12　动力电池高压线束

（2）电机控制器高压线束。电机控制器高压线束是连接高压控制盒与电机控制器的高压线束，如图 2-13 所示。

项目 2　纯电动汽车电源系统的认识与检测

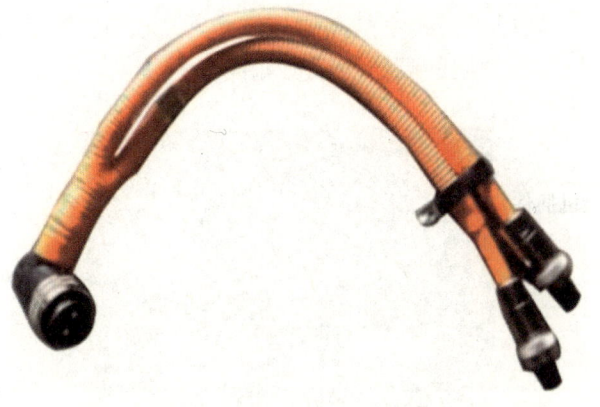

图 2-13　电机控制器高压线束

（3）快充线束。快充线束是连接快充口与高压控制盒的高压线束，如图 2-14 所示。

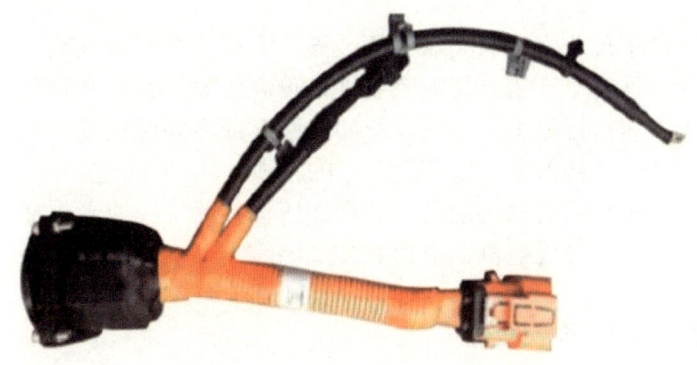

图 2-14　快充线束

（4）慢充线束。慢充线束是连接慢充口与车载充电机的高压线束，如图 2-15 所示。

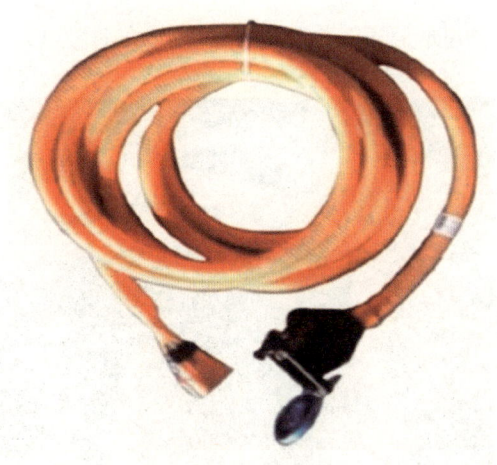

图 2-15　慢充线束

(5)高压附件线束。高压附件线束是高压控制盒与 DC/DC 转换器、车载充电机、空调压缩机、空调 PTC 加热装置之间的高压线束,如图 2-16 所示。

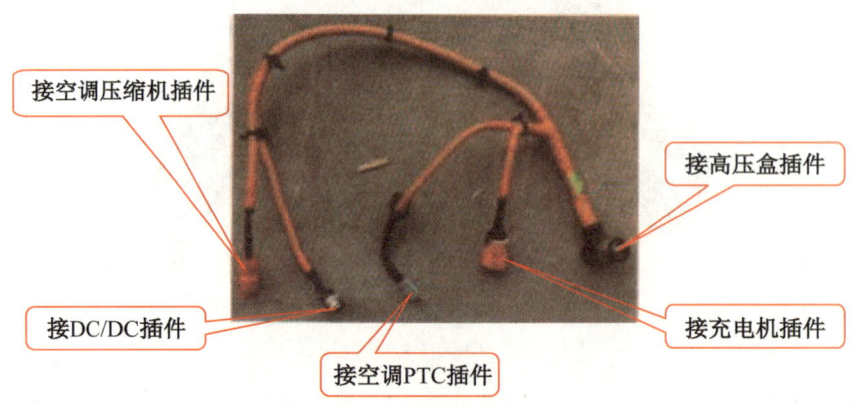

图 2-16　高压附件线束

每个高压线束插头上都有高压互锁装置,形成高压互锁回路,设计高压互锁的目的是在高压供电前确保整个高压系统的完整性,使高压设备在一个封闭的环境下工作,提高安全性;当整车在运行过程中,高压系统回路断开或者完整性受到破坏时,需要启动安全防护。带电插拔高压插接器会造成高压端子的拉弧损坏。

引起高压互锁故障的原因通常为某个高压插接器未插或者未插到位,如 DC/DC 转换器、车载充电机、空调压缩机、空调 PTC 加热装置、高压控制盒高压插接器未插。

二、高压线束的检查与维护

1. 检查高压线束外观

目测检查高压线束(包括动力电池高压线束、电机控制器高压线束、快充线束、慢充线束、高压附件线束)过线孔、过线护套等防护是否完好,线束是否出现磨损,高压线束保护套有无进水、老化、破损,固定卡子有无损坏,如图 2-17 所示。

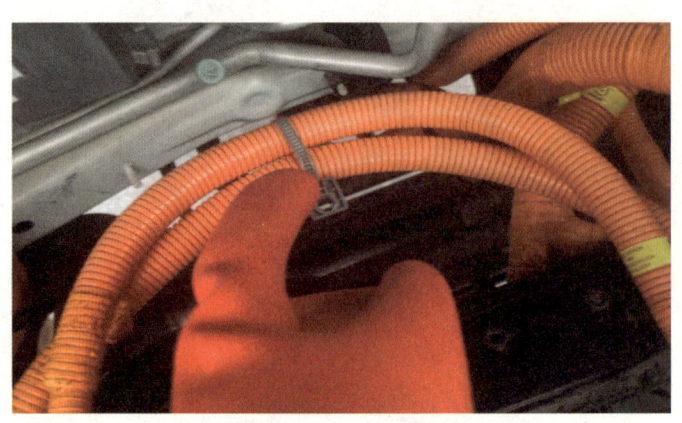

图 2-17　检查高压线束外观

2. 检查高压线束插接器连接情况

目测检查高压线束电缆与插接器之间是否松动,插接器是否插到位,线束根部有无过热变形、松脱现象;检查高压插接器互锁端子有无缺失或退针现象,如图 2-18 所示。

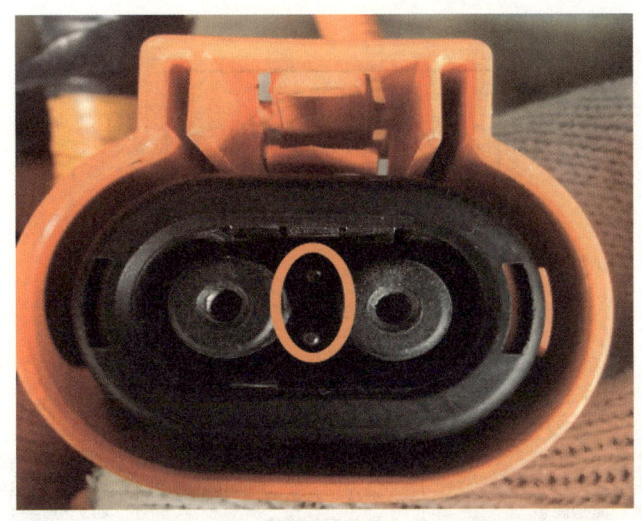

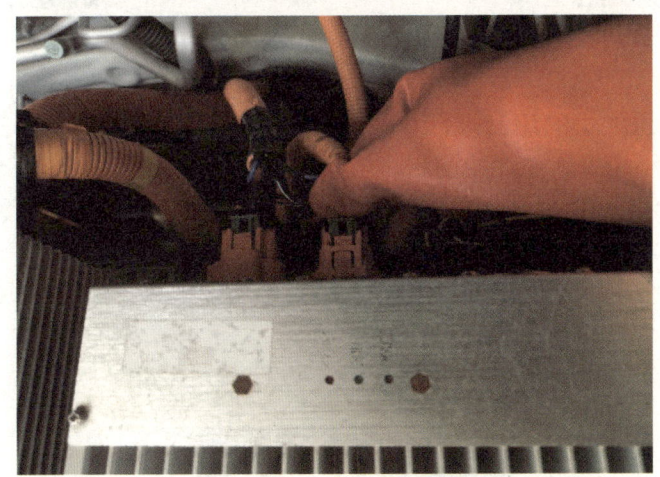

图 2-18 检查高压插件互锁端子有无缺失或退针和高压线束连接情况

3. 检查高压线束的绝缘性能

纯电动汽车较高的工作电压对车辆高压系统的绝缘性能提出了更高的要求。为了消除高压系统对车辆及人员的潜在威胁,需要检测其绝缘性能,以保证纯电动汽车的高压电气安全性。

1)绝缘性能要求

在最大工作电压下,直流电路绝缘电阻的最小值应该大于 100Ω/V,交流电路应大于 500Ω/V。整个电路为满足以上要求,依据电路的结构和组件数量,每个组件应有更高的绝缘电阻值。

2）高压线束绝缘性能的检测方法

以动力电池输出高压电缆为例，检测其绝缘性能。检测方法为：使用绝缘表笔测量绝缘电阻值，将正极表笔与线束内芯充分接触，负极表笔与线束外壳有效连接，单击测试键进行读数，测得绝缘电阻值，与标准值进行比较，判断其绝缘性能是否正常，如图 2-19 所示。

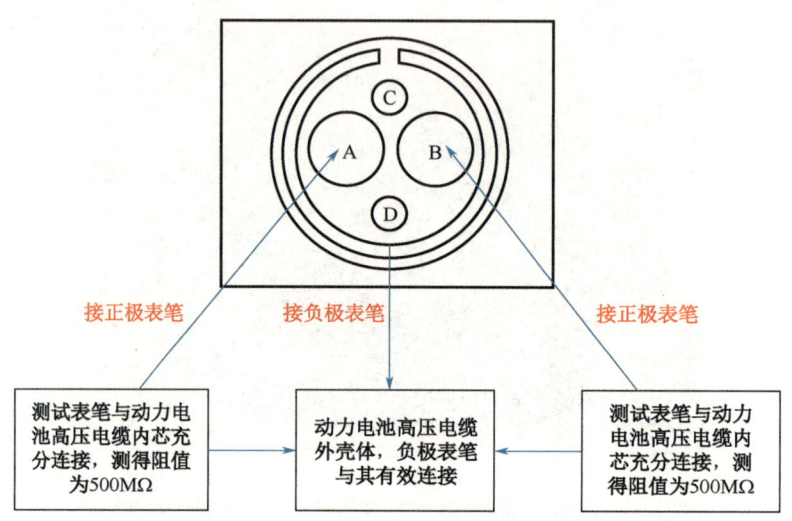

图 2-19　高压线束绝缘性能检测

纯电动汽车高压线束的绝缘性能检测包括动力电池及动力电池高压线束绝缘性能检测、电机控制器高压线束绝缘性能检测、电机控制器正负极电缆绝缘性能检测、高压控制盒高压线束 11 芯插接器绝缘性能检测、DC/DC 高压线束 4 芯插接器绝缘性能检测、快充线束绝缘性能检测。

（1）动力电池绝缘性能检测。拔下动力电池高压线束，使用绝缘表笔测量动力电池端插座的绝缘电阻值，如图 2-20 所示。

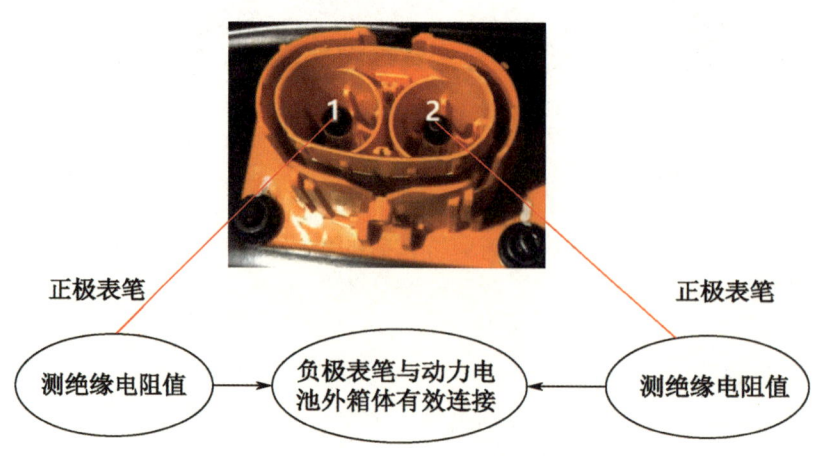

图 2-20　动力电池绝缘性能检测

（2）动力电池高压线束绝缘性能检测。拔下动力电池高压线束，使用绝缘表笔测量动力电池高压线束的绝缘电阻值，如图 2-21 所示。

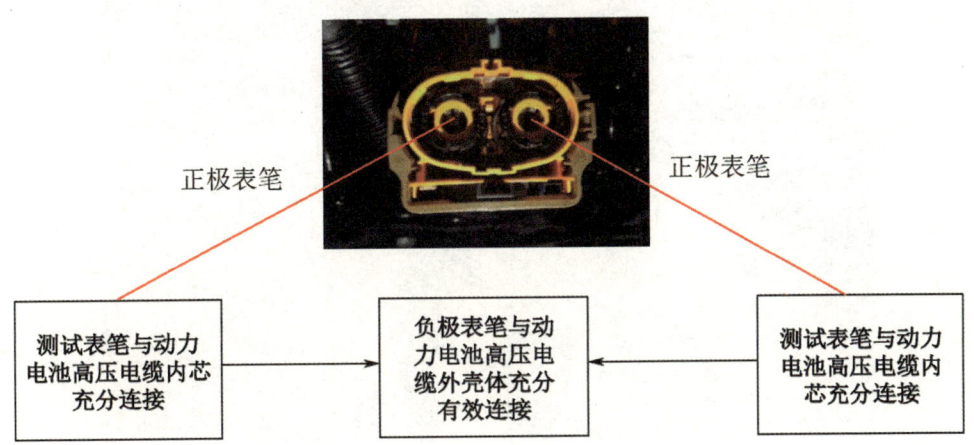

图 2-21　动力电池高压线束绝缘性能检测

（3）电机控制器高压线束绝缘性能检测。拔下电机控制器高压线束与高压控制盒连接电缆，使用绝缘表笔测量绝缘电阻值，如图 2-22 所示。

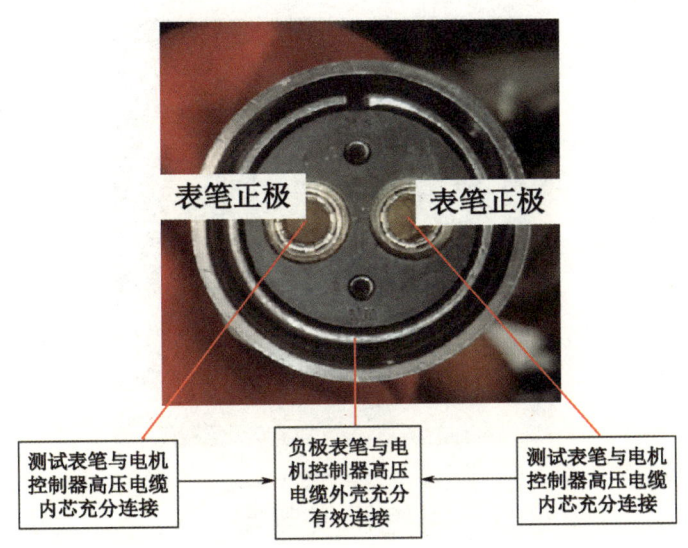

图 2-22　电机控制器高压线束绝缘性能检测

（4）电机控制器正负极电缆绝缘性能检测。拔下电机控制器正负极电缆，用绝缘表正极表笔分别连接电机控制器电缆正负极，负极表笔分别与正负极电缆外壳有效连接，测量绝缘电阻值，如图 2-23 所示。

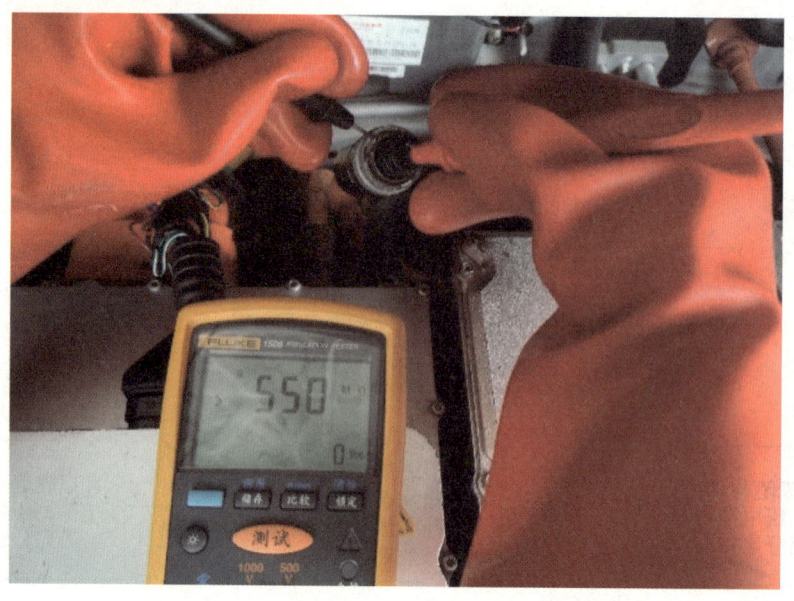

图 2-23　电机控制器正负极电缆绝缘性能检测

（5）高压控制盒高压线束 11 芯插接器绝缘性能检测。拔下高压控制盒高压线束 11 芯插接器，使用绝缘表笔测量 11 芯插接器各引脚绝缘电阻值，如图 2-24 所示。

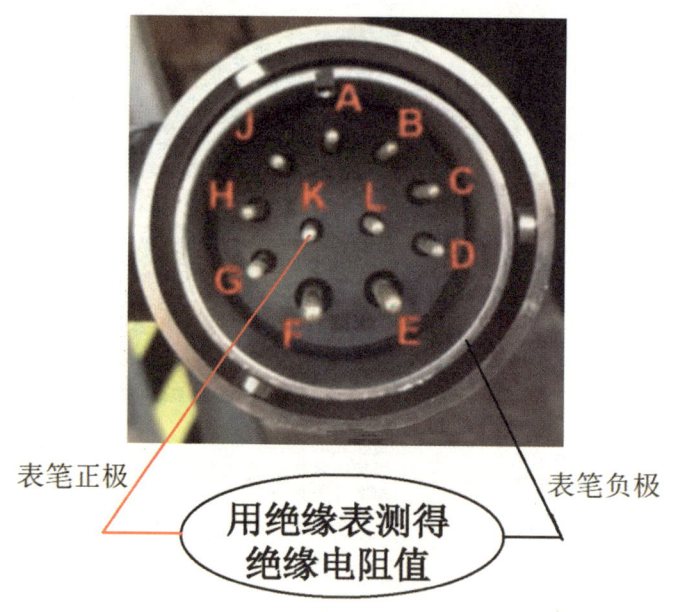

图 2-24　高压控制盒高压线束 11 芯插接器绝缘检测

（6）DC/DC 高压线束 4 芯插接器绝缘性能检测。拔下 DC/DC 高压线束 4 芯插接器，使用绝缘表测量 A、B 引脚绝缘电阻值，如图 2-25 所示。

图 2-25 DC/DC 高压线束 4 芯插接器绝缘性能检测

（7）快充线束绝缘性能检测。打开快充口盖，使用绝缘表测量 A、B 引脚绝缘电阻值，如图 2-26 所示。

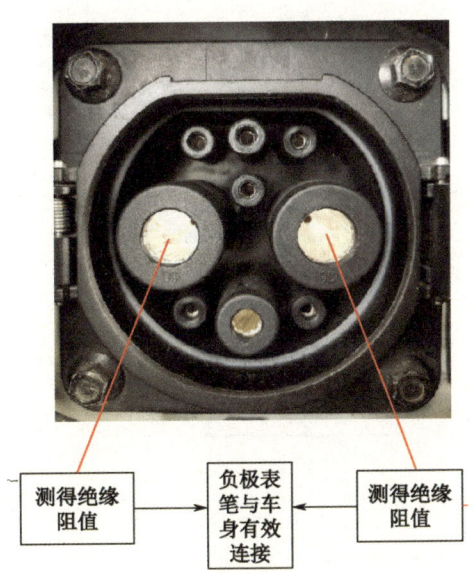

图 2-26 快充线束绝缘性能检测

任务分析

要解决任务引入中的问题，须对电源系统高压线束有一定的了解，并能对高压线束进行检查与维护。

任务实施

根据任务分析，本任务的重点是认识纯电动汽车高压线束，并能对纯电动汽车高压线

新能源汽车动力电池管理及维护技术

束进行检查与维护。

电源系统高压线束的检查与维护　实训任务单

姓名		班别		学号	
实训车型	北汽 EV160/200	需要的检测设备		三件套、车轮挡块、绝缘表等	
实训目标	1. 能在实车上找出纯电动汽车 5 段高压线束，并明确其连接情况 2. 能对高压线束进行检查与维护 3. 养成安全生产的习惯 4. 组员间合作学习，培养团结协作精神				

一、根据实训内容，填写组员分工表

组员分工表

姓名	任务分工（完成步骤）

二、实训操作

实训活动	操作内容	备注
1. 前期准备	准备工具，给车辆垫好三角木，安装三件套、绝缘表等	
2. 高压线束的认识与检查	**动力电池高压线束的认识与检查** 在实车上找出动力电池高压线束并观察 （1）动力电池高压线束颜色为_____，其材料是_____ （2）动力电池高压线束两端分别接_____和_____ （3）检查动力电池高压线束及连接情况　☐ 正常　☐ 不正常 **电机控制器高压线束的认识与检查** 在实车上找出电机控制器高压线束并观察 （1）电机控制器高压线束颜色为_____，其材料是_____ （2）电机控制器高压线束两端分别接_____和_____ （3）检查电机控制器高压线束及连接情况　☐ 正常　☐ 不正常	

续表

	快充线束的认识与检查 在实车上找出快充高压线束并观察 （1）快充高压线束颜色为＿＿＿＿＿＿，其材料是＿＿＿＿＿＿ （2）快充高压线束两端分别接＿＿＿＿＿＿和＿＿＿＿＿＿ （3）检查快充高压线束及连接情况　☐正常　☐不正常
	慢充线束的认识与检查 在实车上找出慢充高压线束并观察 （1）慢充高压线束颜色为＿＿＿＿＿＿，其材料是＿＿＿＿＿＿ （2）慢充高压线束两端分别接＿＿＿＿＿＿和＿＿＿＿＿＿ （3）检查慢充高压线束及连接情况　☐正常　☐不正常
	高压附件线束的认识与检查 在实车上找出高压附件线束并观察 （1）高压附件线束颜色为＿＿＿＿＿＿，其材料是＿＿＿＿＿＿ （2）高压附件线束 5 个端子分别接＿＿＿＿＿＿、＿＿＿＿＿＿、＿＿＿＿＿＿、 ＿＿＿＿＿＿、＿＿＿＿＿＿ （3）检查高压附件线束及连接情况　☐正常　☐不正常
3．高压线束的绝缘性能检测	**动力电池绝缘性能检测**<table><tr><th>检测项目</th><th>检测结果</th><th>标准值</th><th>结果判断</th></tr><tr><td>绝缘电阻 1</td><td></td><td>＞500MΩ</td><td>☐正常　☐不正常</td></tr><tr><td>绝缘电阻 2</td><td></td><td>＞500MΩ</td><td>☐正常　☐不正常</td></tr></table>**动力电池输出高压线束绝缘性能检测**<table><tr><th>检测项目</th><th>检测结果</th><th>标准值</th><th>结果判断</th></tr><tr><td>绝缘电阻 1</td><td></td><td>＞500MΩ</td><td>☐正常　☐不正常</td></tr><tr><td>绝缘电阻 2</td><td></td><td>＞500MΩ</td><td>☐正常　☐不正常</td></tr></table>**电机控制器高压线束 4 芯插接器绝缘性能检测**<table><tr><th>检测项目</th><th>检测结果</th><th>标准值</th><th>结果判断</th></tr><tr><td>绝缘电阻 1</td><td></td><td>＞500MΩ</td><td>☐正常　☐不正常</td></tr><tr><td>绝缘电阻 2</td><td></td><td>＞500MΩ</td><td>☐正常　☐不正常</td></tr></table>**电机控制器正负极电缆绝缘性能检测**<table><tr><th>检测项目</th><th>检测结果</th><th>标准值</th><th>结果判断</th></tr><tr><td>正极电缆绝缘电阻</td><td></td><td>＞500MΩ</td><td>☐正常　☐不正常</td></tr><tr><td>负极电缆绝缘电阻</td><td></td><td>＞500MΩ</td><td>☐正常　☐不正常</td></tr></table>

续表

	高压控制盒高压线束 11 芯插接器绝缘性能检测			
	引脚代号	检测结果	标准值	结果判断
	A		>500MΩ	□正常 □不正常
	B		>500MΩ	□正常 □不正常
	C		>500MΩ	□正常 □不正常
	D		>500MΩ	□正常 □不正常
	E		>500MΩ	□正常 □不正常
	F		>500MΩ	□正常 □不正常
	G		>500MΩ	□正常 □不正常
	H		>500MΩ	□正常 □不正常
	J		>500MΩ	□正常 □不正常
	DC/DC 高压线束 4 芯插接器绝缘性能检测			
	检测项目	检测结果	标准值	结果判断
	绝缘电阻 A		>500MΩ	□正常 □不正常
	绝缘电阻 B		>500MΩ	□正常 □不正常
	快充线束绝缘性能检测			
	检测项目	检测结果	标准值	结果判断
	绝缘电阻 A		>500MΩ	□正常 □不正常
	绝缘电阻 B		>500MΩ	□正常 □不正常
4. 现场恢复	复原车辆,整理工具,清洁实训场地			

这次实训中,我的收获是:

任务评价

任务评价见表 2-3。

表 2-3 任务评价

考核项目		评分标准	学生自评（20%）	小组互评（40%）	教师评价（40%）	小计
知识目标（30 分）	高压线束常用规格及常用材料（10 分）	能完整叙述				
	高压线束功能及性能要求（10 分）	能完整叙述				
	高压线束的检查、维护方法及注意事项（10 分）	能完整叙述				

续表

考核项目		评分标准	学生自评（20%）	小组互评（40%）	教师评价（40%）	小计
技能目标（50分）	高压线束分布（25分）	会查找				
	对高压线束进行检查与维护（25分）	会操作				
素质目标（20分）	安全、规范操作（5分）	做到做好				
	操作步骤、流程正确完整（5分）	正确熟练				
	团队合作（5分）	是否和谐				
	现场7S（5分）	是否做到				
总评						

 任务小结

（1）本任务的学习目标是：

（2）我的任务目标达成情况是：

（3）我今后的努力方向或改进方法：

项目 3　动力电池充电系统的认识与检测

项目概述

　　动力电池作为纯电动汽车的唯一能量来源，需要充电。当动力电池剩余电量低于 30% 时，充电系统会提醒使用者对动力电池进行充电。充电系统是维持纯电动汽车运行的能源补给设备，是从供电电源提取能量对动力电池充电时使用的有特定功能的电力转换装置。

思维导图

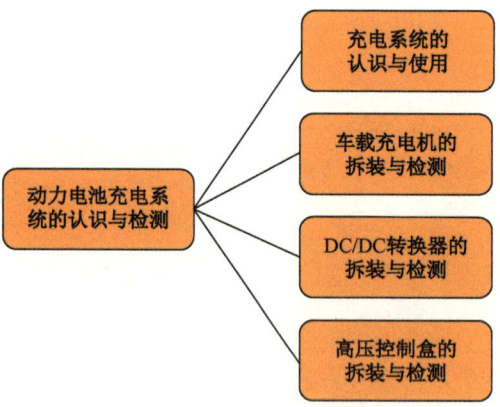

项目 3 动力电池充电系统的认识与检测

任务 3.1 充电系统的认识与使用

 思政目标

本任务通过学习新能源汽车充电系统认识与使用以及充电系统简单的检查与维护，培养学生相互配合相互协作的团队工作意识，强调安全操作规范，提高动手能力，提升学生的职业道德与职业素养。

 **任务目标**

知识目标	1. 能够表述纯电动汽车充电系统的类型 2. 能够掌握纯电动汽车慢充系统的组成及工作原理 3. 能够掌握纯电动汽车快充系统的组成及工作原理
技能目标	1. 会用慢充及快充设备给纯电动汽车充电 2. 会对快充及慢充设备进行简单的检查与维护

 **任务引入**

小张在一家新能源汽车 4S 店工作，客户买了一辆 E200 轿车，客户要求介绍一下车辆充电方式，顺便展示一下充电操作。你了解纯电动汽车充电系统吗？如何安全、规范地对纯电动汽车进行充电呢？

知识准备

参考后面的内容，完成下列填空题。
（1）纯电动汽车充电方式主要分为_____和_____两种。
（2）根据充电装置的不同，慢充可以分成两类：_____和_____。
（3）_____是纯电动汽车主要的能源补给系统，当动力电池剩余电量低于____时，充电系统会提醒使用者对动力电池进行充电；当剩余电量低于____时，为保护动力电池会限速行驶。
（4）交流充电桩充电连接线一般由车辆自带，一端是____色充电枪，用来连接车辆上的慢充口；另一端是____色充电枪，用来连接充电桩接口。连接车辆端的充电枪有____个引脚。
（5）慢充时，交流电通过_____或者_____，经过_____进入_____，车载充电机将交流电转化成直流电后送入_____，通过高压母线对_____进行充电。

（6）快充时，直流电通过_____进入_____，经快充口进入_____，通过高压母线对_____进行充电。

一、汽车充电系统概述

充电系统是纯电动汽车主要的能源补给系统，为保障车辆持续行驶提供动力能源，并能根据动力电池的实时状态控制启动充电和停止充电，同时根据动力电池的电量、温度控制充电电流和动力电池的加热。当动力电池剩余电量低于30%时，充电系统会提醒使用者对动力电池进行充电；当剩余电量低于10%时，为保护动力电池，会限速行驶（北汽EV160的限速为9km/h）。

对纯电动汽车充电系统的要求如下。

（1）安全性。包括人员安全和动力电池的安全。

（2）易用性。具有较高的智能，不需要操作人员过多干预充电过程。

（3）经济性。价格低廉、性能优异的充电设备有助于降低整个纯电动汽车的成本，促进纯电动汽车的推广。

（4）高效性。这是现代纯电动汽车充电系统的重要指标之一。

（5）低污染性。采用电力电子技术的充电设备会对供电网及其他供电设备产生有害的谐波污染，而且充电设备功率因数低，这对供电网的影响也不容忽视。

充电系统可分为慢充系统和快充系统两种，可根据充电时长要求来选择充电方式。快充是直流供电，半小时可充到80%；慢充为交流充电，充电时间为6～8h（充满），两者具体的区别见表3-1。

表 3-1 快充和慢充的区别

充电方式	快充	慢充
充电原理	充电桩直接输出直流电进行充电	车载充电机将交流充电桩的电源转换成直流电进行充电
充电设备	大功率非车载充电桩	交流充电桩+小功率车载充电机
充电时间	时间短	时间长

二、慢充系统

1. 慢充系统的组成

慢充方式也称交流充电或常规充电方式，是指通过慢充线束将纯电动汽车动力电池和交流充电装置连接起来进行充电。慢充系统将220V交流电转化成直流电，以实现动力电池的电能补给。

慢充系统主要由供电设备、车载充电机、慢充口、高压控制盒、动力电池等部件组成，如图3-1所示，慢充口位置如图3-2所示。

项目 3　动力电池充电系统的认识与检测

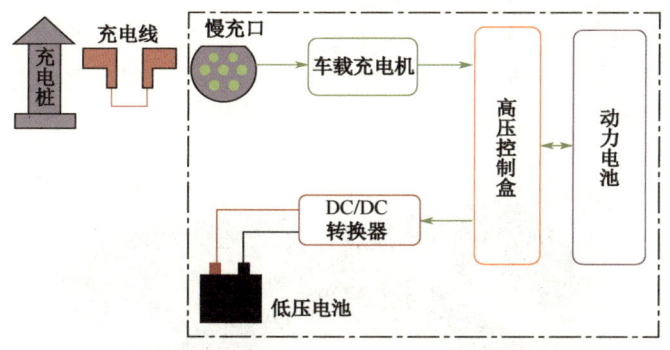

图 3-1　慢充系统的组成

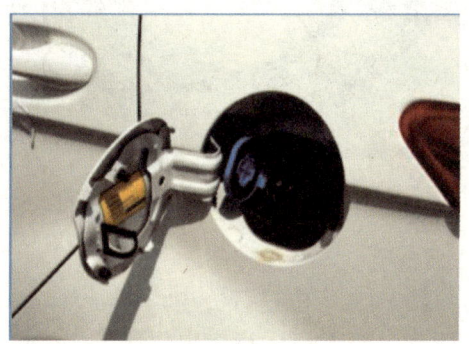

图 3-2　慢充口位置

2．充电方式分类

根据充电装置的不同，慢充系统可以分成两类：交流充电桩充电和家用 220V 交流插座充电。

1）交流充电桩充电

该充电方式将充电连接线连接到交流充电桩进行充电，如图 3-3 所示。交流充电桩是采用有线传输方式，为装备有车载充电机的纯电动汽车提供交流电能，并具备相应保护功能的专用装置。交流充电桩应用在各种大、中、小型电动充电站，其特点是充电功率小，电池充电时间长。

图 3-3　交流充电桩充电

充电连接线一般由车辆自带，一端是蓝色充电枪，用来连接车辆上的慢充口；另一端是黑色充电枪，用来连接充电桩接口，如图 3-4 所示。有的交流充电桩带有充电连接线，可以直接连接慢充口进行充电。

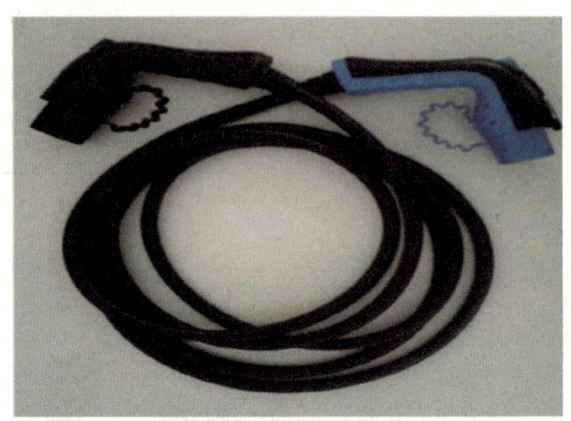

图 3-4　车辆自带充电连接线

2）家用 220V 交流插座充电

该充电方式使用家用 220V 交流电进行充电，需要将随车配置的家用交流慢速充电线连接家用三相插头和纯电动汽车慢充口进行充电，如图 3-5 和图 3-6 所示。

图 3-5　家用 220V 交流插座充电

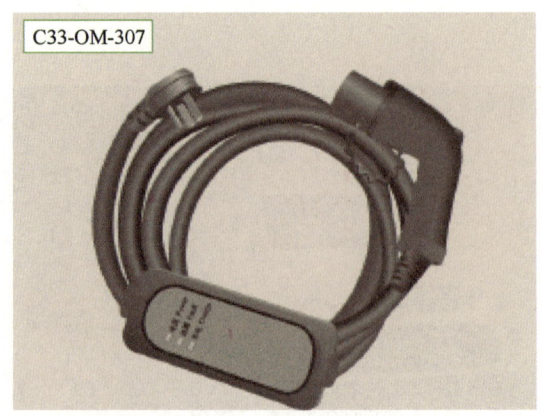

图 3-6　家用交流慢速充电线

家用交流慢速充电线有 16A 和 32A 两种，16A 的充电时间一般为 6～8h，32A 的充电时间一般为 6～8h。因此，使用该充电方式时，一定要注意所用插座允许的最大电流。

注意事项：应确保供电端插座符合 GB 2099.1 标准，且额定电流为 16A。

3. 慢充系统的工作原理及流程

1）慢充系统的充电流程

慢充时，交流电通过交流充电桩或者家用 220V 交流插座，经过慢充口进入车载充电机，车载充电机将交流电转化成直流电后送入高压控制盒，通过高压母线对动力电池进行充电，如图 3-7 所示。

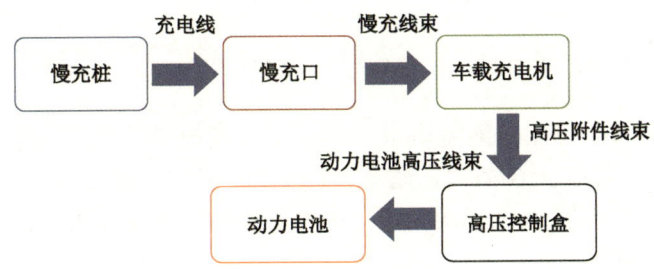

图 3-7　慢充系统的充电流程

2）慢充系统的充电要求

使用慢充系统对动力电池进行充电时，对充电条件有如下要求。

（1）充电连接确认信号正常；

（2）充电机供电电源正常（包括 220V 和 12V）及充电机正常工作；

（3）充电唤醒信号输出正常（12V）；

（4）充电桩、VCU、BMS 之间通信正常；

（5）动力电池电芯温度为 0～45℃；

（6）单体电池最高电压与最低电压差小于 0.3V；

（7）单体电池最高温度与最低温度差小于 15℃；

（8）绝缘电阻值大于 20MΩ；

（9）实际单体最高电压不大于额定单体电压 0.4V；

（10）高低压电路连接正常。

3）慢充系统的工作原理

交流充电桩（或家用 16A 供电插座）提供的交流电经车载充电机整流、滤波、升压后转换为高压直流电压，通过高压控制盒给动力电池充电，如图 3-8 所示。

（1）交流供电。将充电枪连接到交流充电桩（或家用 16A 供电插座），充电桩向纯电动汽车输入交流电。

（2）充电唤醒。连接确认信号正常后，车载充电机向 VCU、BMS 发出充电唤醒信号、连接确认信号。VCU 唤醒仪表显示连接状态。

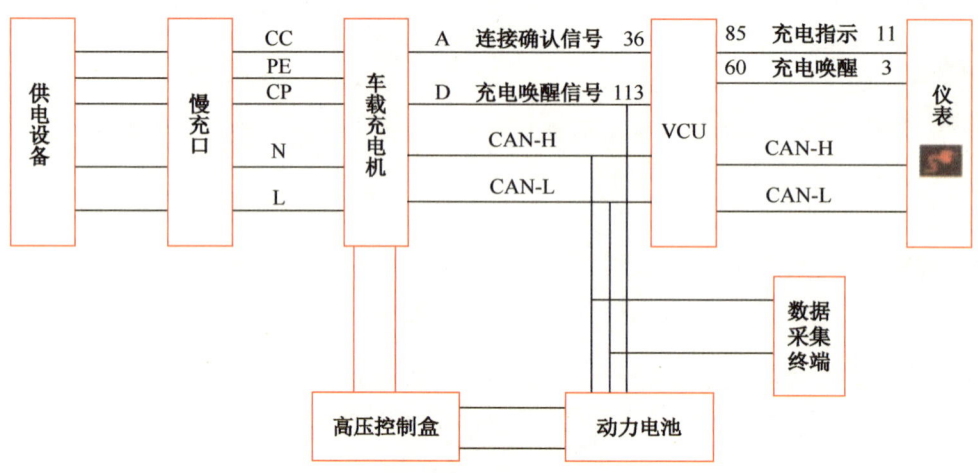

图 3-8　慢充系统的工作原理

（3）BMS 检测充电需求。BMS 首先检测动力电池有无充电需求，然后计算需要的充电电流。

（4）BMS 发送充电指令。检测完毕后，BMS 会将充电指令发送给车载充电机，由 VCU 发出指令，并由 BMS 控制闭合动力电池正、负主继电器，开始充电。

（5）充电过程。车载充电机开始工作，将外部供电设备提供的 220V 交流电转化成高压直流电存储到动力电池中。

（6）停止充电。当 BMS 检测到充电完成后，发送指令给车载充电机。此时，车载充电机停止工作，动力电池断开继电器。

4）慢充系统的充电策略

慢充一般采用恒压充电的方式，超过一定电压值，动力电池会发生分解，影响动力电池的安全性，所以对充电终止电压的精度要求很高，一般误差不能超过额定值的 1%。

充电过程一般分为三个阶段：预充电阶段、恒定电流充电阶段和恒定电压充电阶段，如图 3-9 所示。

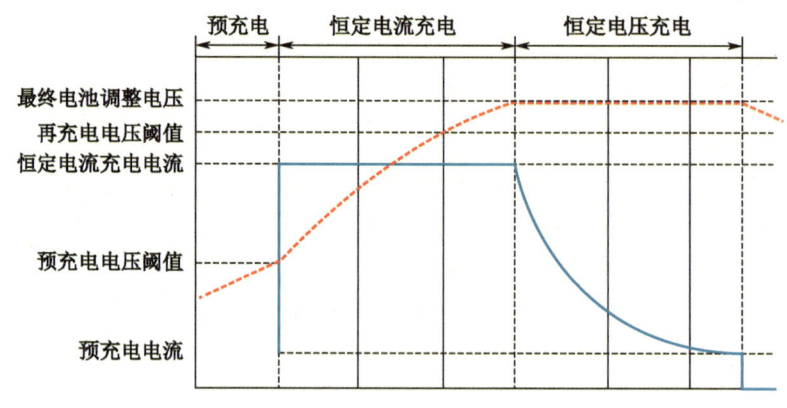

图 3-9　慢充的三个阶段

（1）预充电阶段是动力电池电压较低时，动力电池不能承受大电流充电，这时有必要以小电流对动力电池进行浮充，主要是对过放电的动力电池进行修复。

（2）预充电一段时间，当动力电池电压达到一定值时，动力电池可以承受较大的充电电流，这时以恒定的大电流充电。

（3）随后进入恒定电压充电阶段，充电电流逐渐降低，单体电池的充电电压应在规定值±1%范围内变化。恒定电压充电的截止条件一般用最小充电电流来控制，充电电流很小时（一般为恒定电流充电时的1/10），表明电池充满，应立即停止充电。

三、快充系统

1. 快充系统的组成

快充方式又称直流充电，指用充电连接线将纯电动汽车与直流充电桩连接起来进行充电的方式。这类充电方式充电时间短，能够在较短的时间内给动力电池补充大量电能。目前直流充电桩可以提供100A的充电电流。一般直流充电桩带有充电连接线，如图3-10所示，可以直接连接车辆的快充口进行直流充电，快充口位置在车前格栅中部、车标下方，如图3-11所示。

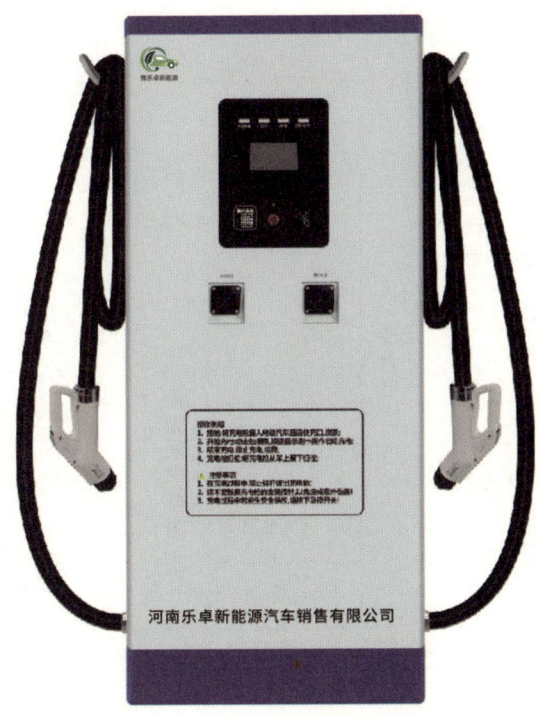

图3-10　带充电连接线的直流充电桩

图3-11　快充口位置

快充系统一般由快速充电桩、快充口、充电连接线、高压控制盒、动力电池高压线、动力电池等组成。快充系统充电路径如图3-12所示。

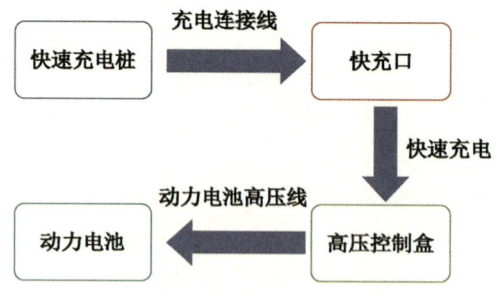

图 3-12　快充系统充电路径

2. 快充系统的工作原理

快充系统的工作原理如图 3-13 所示，VCU 是快充系统的主控模块。

（1）直流供电。将充电枪连接直流充电桩，充电桩向纯电动汽车提供高压直流电。

（2）充电唤醒。将充电枪由直流充电桩连接至车辆快充口后，VCU 启用唤醒线路唤醒车辆内部充电系统及部件。

（3）BMS 检测充电需求。BMS 检测动力电池有无充电需求，计算需要的充电电流。

（4）BMS 发送充电指令。检测完毕后，VCU 输出高压接触器接通指令至高压控制盒，实现快速充电桩与动力电池之间高压电路的接通，开始充电。

（5）充电过程。充电桩将外部供电设备提供的高压直流电存储到动力电池中。同时，VCU 向仪表输出正在充电的信息。

（6）停止充电。当 BMS 检测到充电完成后，发送指令给 VCU。此时，充电系统停止工作，动力电池组件断开继电器。

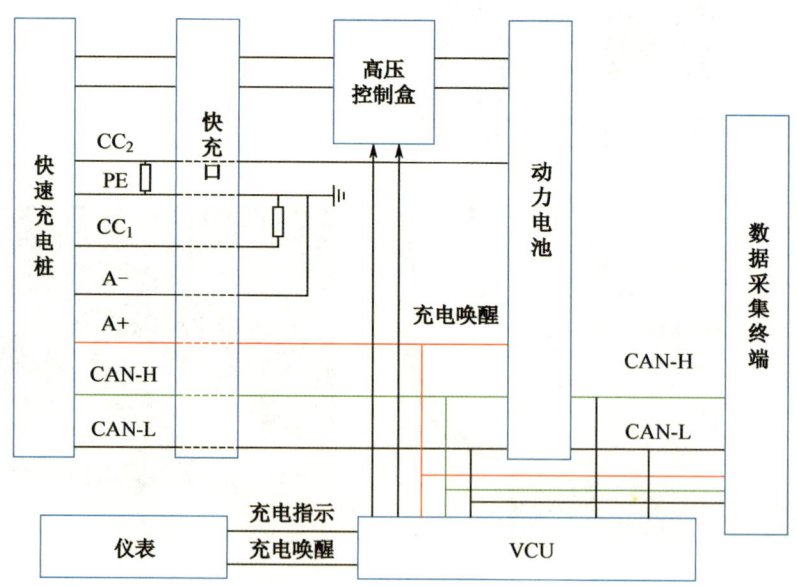

图 3-13　快充系统的工作原理

3. 快充系统的充电策略

快充方法是采用脉冲快速充电。脉冲快速充电是指充电过程中不断用反复放电、充电的循环充电,其充电过程如图3-14所示。

(1) 首先进行一级充电,给电池组用0.8~1倍额定容量的大电流进行定流充电,使动力电池在短时间内充至额定容量的50%~60%。然后由电路控制先停止充电25~40ms,接着放电或反充电,使电池组反向通过一个较大的脉冲电流,最后停止充电。

(2) 当电池容量达到标称容量的60%后,进行二级充电,充电电流为0.5~0.6倍额定容量的大电流。

(3) 随着电池电量逐渐增加,进入三级充电,三级充电按照正脉冲充电—前停充—负脉冲瞬间放电—后停充—正脉冲充电这样的充电流程,充电电流按照上一级的60%继续充电,直至充满。

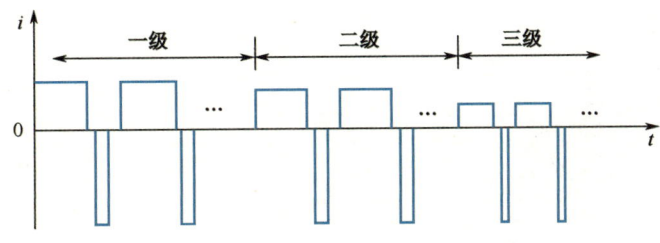

图3-14 脉冲快速充电过程

> **小贴士**
>
> 脉冲快速充电的最大优点为充电时间大为缩短,但是脉冲快速充电电流较大,对极板活性物质冲刷力强,活性物质易脱落,因此对动力电池的使用寿命有一定影响。现阶段大多数快充都采用脉冲快速充电的方法。

四、电动汽车常用充电方式的操作流程

1. 快充-直流充电桩充电操作流程

(1) 将车辆停至直流充电桩指定停车地点,关闭启动开关,将启动钥匙取下。

(2) 打开充电口盖板,松开快充充电插座塑料卡扣,打开塑料盖。

(3) 将直流充电桩用充电枪与车身上的快充充电插座相连接,此时组合仪表上充电连接指示灯点亮。充电过程中充电连接指示灯一直处于点亮状态,只有拔下充电枪并关闭塑料盖及充电口盖板之后,充电连接指示灯才会熄灭。

(4) 充电结束后,拔出车端充电枪,盖好车端充电枪的防尘盖。

2. 慢充-交流充电桩充电操作流程

（1）打开充电口盖板和充电座防尘盖，确认充电座防尘盖和充电枪枪口颜色一致。
（2）将车端充电枪与车身上的充电座良好连接。
（3）将供电端（桩端）充电枪与充电桩上的充电座良好连接。
（4）按照充电桩的使用方式进行充电模式 3 的后续操作。
（5）充电结束后，先将供电端充电枪拔出，再拔出车端充电枪。
（6）盖好供电端充电枪和车端充电枪的防尘盖。

3. 慢充-家用交流电充电操作流程（表 3-2）

表 3-2 慢充-家用交流电充电操作流程

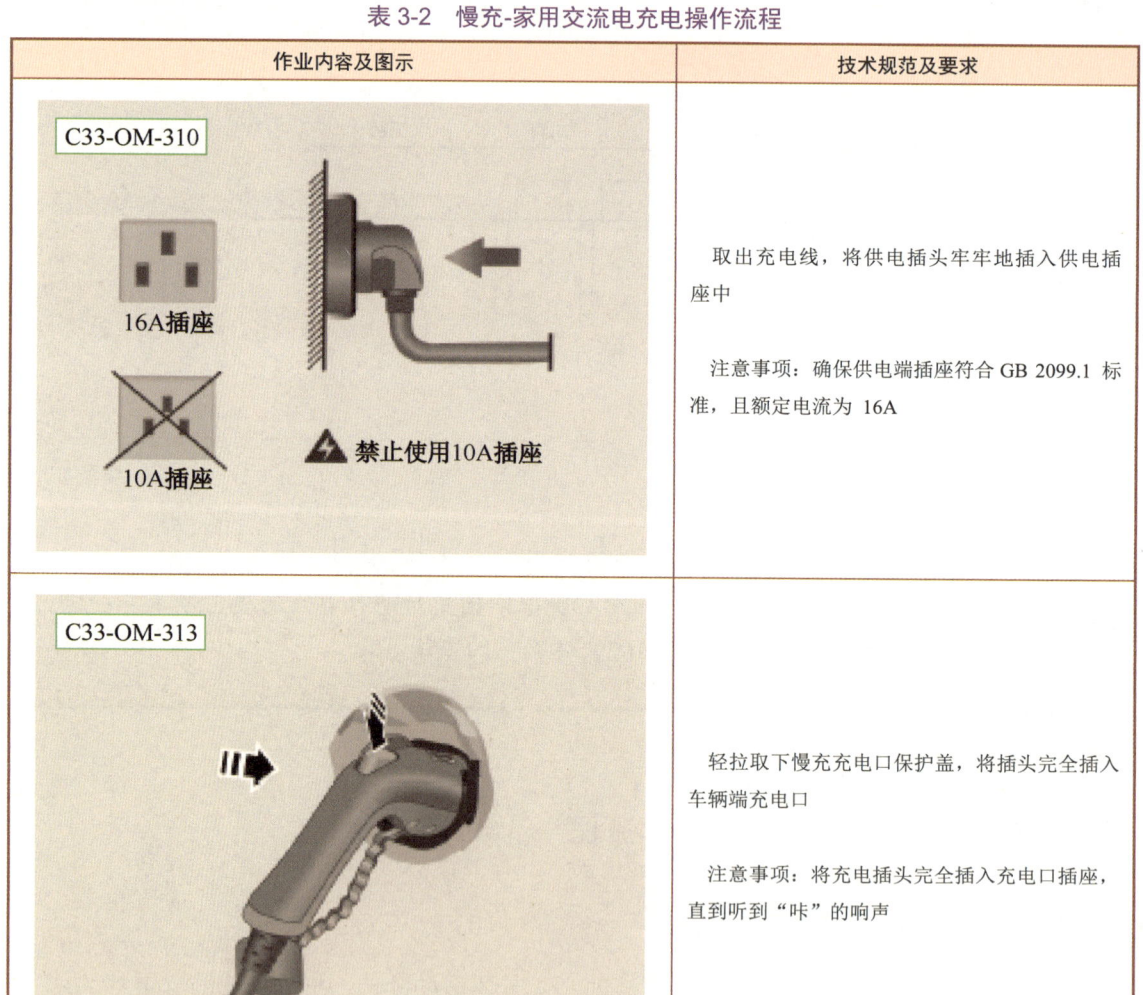

作业内容及图示	技术规范及要求
C33-OM-310	取出充电线，将供电插头牢牢地插入供电插座中 注意事项：确保供电端插座符合 GB 2099.1 标准，且额定电流为 16A
C33-OM-313	轻拉取下慢充充电口保护盖，将插头完全插入车辆端充电口 注意事项：将充电插头完全插入充电口插座，直到听到"咔"的响声

项目 3　动力电池充电系统的认识与检测

续表

作业内容及图示	技术规范及要求
C33-OM-314 	充电过程中，充电装置自动运行，Charge（绿色）充电指示灯闪烁（闪烁间隔为 1s） 注意事项：当充电线控制盒故障指示灯点亮时，请确认充电枪与车辆端交流充电插座是否连接良好
C33-OM-318 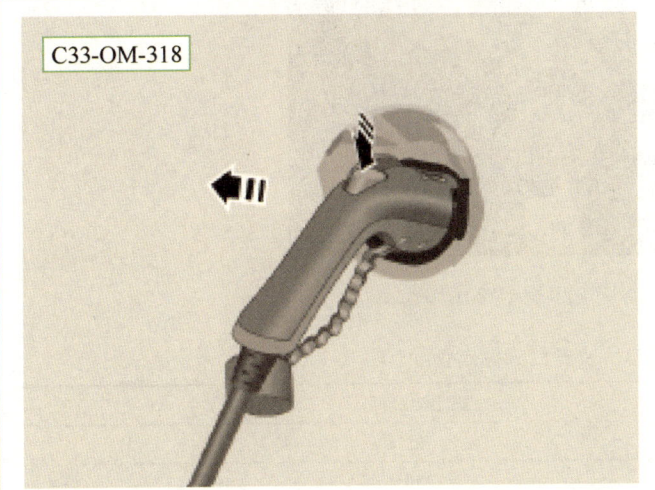	充电完成，停止充电，首先拔出充电枪插头
C33-OM-315 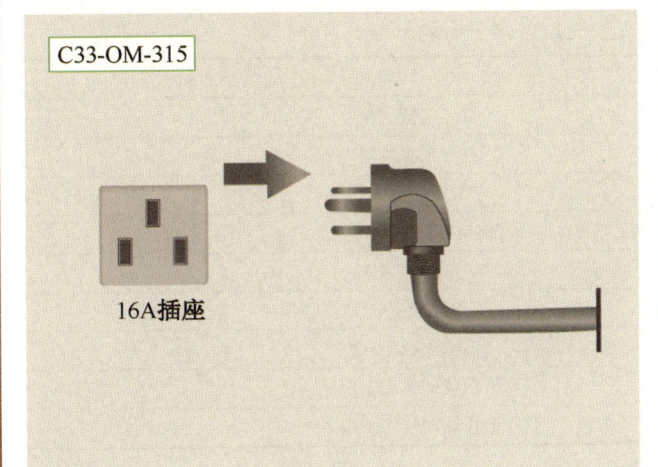	拔出充电线三芯插头 注意事项：当充电线三芯插头未拔下时，严禁将手指放入充电枪插头

五、充电设备的检查与维护

1. 快充口的检查与维护

打开快充口盖后,可以看到 9 孔接口,其端子布置形式如图 3-15 所示。快充接口的规格严格执行国家标准 GB/T 20234.2—2015《电动汽车传导充电用连接装置》规定,见表 3-3 和表 3-4。

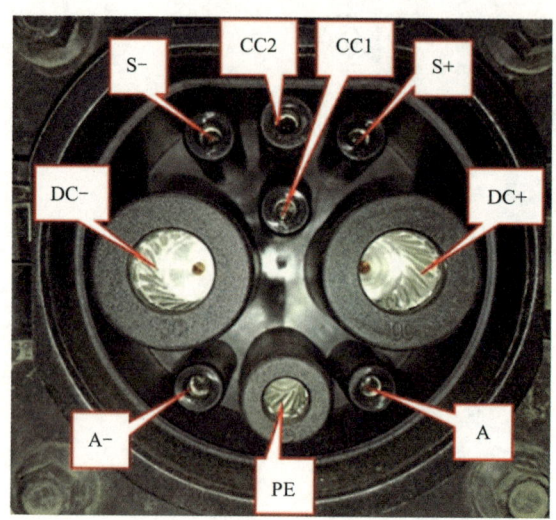

图 3-15　快充口端子布置形式

表 3-3　快充口的额定值

额定电压/V	额定电流/A
750	125
	250

表 3-4　快充口各端子功能

端子标识	功　　能
DC+	直流电源正极
DC-	直流电源负极
PE	车身地(搭铁)
S+	充电通信 CAN-H
S-	充电通信 CAN-L
CC_1	充电连接确认 1
CC_2	充电连接确认 2
A+	低压辅助电源正极
A-	低压辅助电源负极

快充口检查与维护内容见表 3-5。

表 3-5 快充口检查与维护内容

检 查 项 目	技术规范及要求
快充口外观检查	检查快充口各连接端子有无损坏，检查快充口有无烧蚀和锈蚀现象，确保快充口干燥且无异物
快充端子 PE 检查	用万用表测端子 PE 与车身搭铁之间的电阻，应小于 1Ω，如不符，应更换快充线束
快充端子 DC+、DC-绝缘电阻检测	用绝缘表分别测端子 DC+、DC-与壳体之间的绝缘电阻，标准值为 500MΩ
快充端子 CC_1 与 PE 之间电阻检测	用万用表测端子 CC_1 与 PE 之间的电阻，标准值为 1000Ω 左右，如不符，应更换快充线束

2. 慢充口的检查与维护

打开慢充口盖后，可以看到 7 孔接口，其连接端子布置形式如图 3-16 所示。慢充口的规格严格执行国家标准 GB/T 20234.2—2015《电动汽车传导充电用连接装置》规定，见表 3-6 和表 3-7。

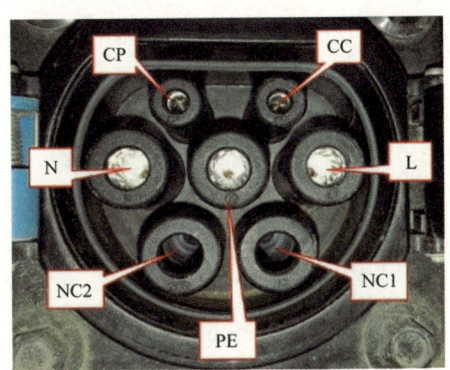

图 3-16 慢充口端子布置形式

表 3-6 慢充口的额定值

额定电压/V	额定电流/A
250	16
	32

表 3-7 慢充口各端子功能

端子标识	功 能 定 义
L	交流电源正极
NC_1	备用端子 1
NC_2	备用端子 2
N	交流电源（零线）
PE	车身地（搭铁）
CC	充电连接确认
CP	控制连接确认

3. 家用交流慢充线的检查与维护

家用交流慢充线用于连接家用三相插头和纯电动汽车慢充口进行充电，慢充线上设计有控制盒、三相插头及交流充电枪，如图 3-17 所示。

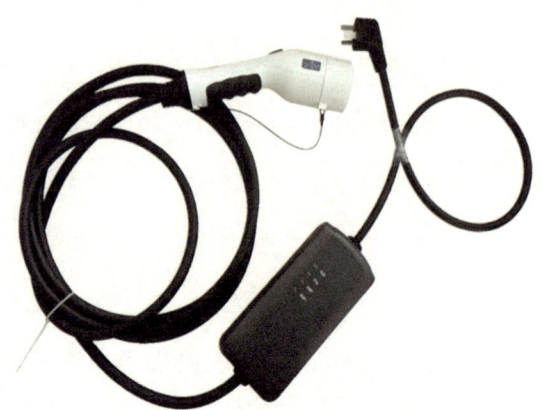

图 3-17　家用交流慢充线

控制盒上有电源指示灯、故障指示灯、充电指示灯，如图 3-18 所示。

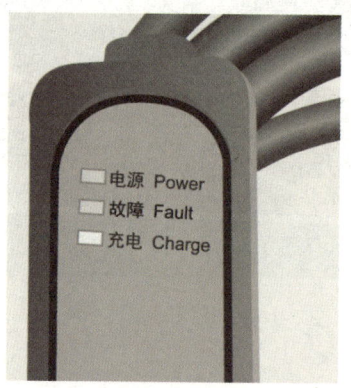

图 3-18　控制盒上的指示灯

不同工作状态下控制盒上的指示灯状态见表 3-8。

表 3-8　家用交流慢充线指示灯状态

工作状态	指示灯状态		
	电源指示灯（绿色）	故障指示灯（红色）	充电指示灯（绿色）
初始状态	常亮	亮（0.5s）	亮（0.5s）
等待充电	常亮	灭	常亮
正常充电	常亮	灭	闪烁（1s）
充电完成	常亮	灭	灭

家用交流慢充线检查与维护内容见表 3-9。

表 3-9　家用交流慢充线检查与维护内容

检查项目	技术规范及要求
家用交流慢充线外观检查	检查慢充线外观有无破损、老化、裂痕
家用交流慢充线导通情况检查	进行通电测试，通过观察控制盒指示灯工作情况，检测慢充线是否导通

4．交流充电桩用慢充线的检查与维护

该慢充线一般由车辆自带，有 16A 和 32A 两种。一端是蓝色充电枪，用来连接车辆上的慢充口；另一端是黑色充电枪，用来连接充电桩接口，如图 3-19 所示。

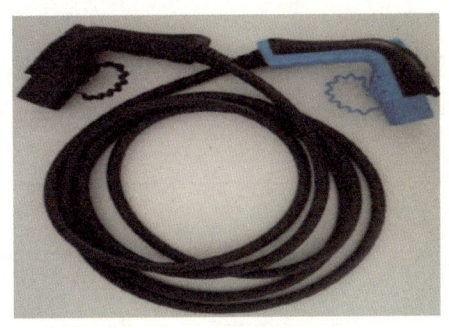

图 3-19　交流充电桩用慢充线

交流充电桩用慢充线检查与维护内容见表 3-10。

表 3-10　交流充电桩用慢充线检查与维护内容

检查项目	技术规范及要求
交流充电桩用慢充线外观检查	检查外观有无破损、老化、裂痕
交流充电桩用慢充线导通情况检查	用万用表分别检测两端充电枪各端子（L-L、PE-PE、NC_1-NC_1、NC_2-NC_2、CC-CC、CP-CP、N-N）之间的电阻，应小于 1Ω
交流充电桩用慢充线端子 CC 和 PE 之间电阻检测	用万用表检测端子 CC 和 PE 之间的电阻，标准为：16A 慢充线 680Ω，32A 慢充线 220Ω

任务分析

要解决任务引入中的问题，须对纯电动汽车充电系统有一定的了解，会使用不同的充电方式给纯电动汽车充电，同时能对充电设备进行简单的检查与维护。

任务实施

根据任务分析，本任务的重点是了解纯电动汽车充电系统，会用充电设备给纯电动汽车充电，同时能对充电设备进行简单的检查与维护。

充电系统的认识与使用 实训任务单

姓名		班别		学号	
实训车型	北汽 EV160/200	需要的检测设备		三件套、车轮挡块、万用表等	
实训目标	1. 能在实车上指出快充与慢充充电路径与流程 2. 会用充电设备给纯电动汽车充电 3. 能对充电设备进行简单的检查与维护 4. 养成安全生产的习惯 5. 组员间合作学习,培养团结协作精神				

一、根据实训内容,填写组员分工表

组员分工表

姓名	任务分工(完成步骤)

二、实训操作

实训活动	操作内容	备注
1. 前期准备	准备工具,给车辆垫好三角木,安装三件套等	
2. 了解慢充系统的充电路径	在车上指出慢充系统的充电路径:	
3. 了解快充系统的充电路径	在车上指出快充系统的充电路径:	

项目 3 动力电池充电系统的认识与检测

续表

4. 慢充口的检查与维护	（1）在车上找到慢充口，它的位置在_____ （2）观察慢充口端子，共有____个端子，查阅资料，填写各端子的定义	

<table>
<tr><td colspan="2">

（慢充口端子示意图：CP、N、NC₂、CC、L、NC₁、PE）

</td><td>

CP: _____
N: _____
NC₁: _____
NC₂: _____
CC: _____
L: _____
PE: _____

</td></tr>
</table>

（3）检查慢充口有无烧蚀和锈蚀现象　　□有　□无

（4）检查慢充口各连接端子有无损坏　　□有　□无

（5）检查慢充口是否干燥且无异物　　　□是　□否

（6）慢充口的检测

检测项目	测量值	标准值	结果判断
充电口 CC 端子电压值		5V 左右	□正常　□不正常
充电口 PE 接地电阻值		小于 1Ω	□正常　□不正常
充电口 L 绝缘电阻值		≥500MΩ	□正常　□不正常
充电口 N 绝缘电阻值		≥500MΩ	□正常　□不正常

5. 快充口的检查与维护	（1）在车上找到快充口，它的位置在_____ （2）观察快充口端子，共有____个端子，查阅资料，填写各端子的定义	

（快充口端子示意图：CC₂、CC₁、S−、S+、DC−、DC+、A−、A+、PE）

CC_1: _____
CC_2: _____
S−: _____
S+: _____
DC−: _____
DC+: _____
PE: _____

（3）检查快充口各连接端子有无损坏　　□有　□无

（4）检查快充口是否干燥且无异物　　　□是　□否

（5）检查快充口有无烧蚀和锈蚀现象　　□有　□无

续表

5. 快充接口的检查与维护	(6) 快充口端子 DC+、DC-绝缘电阻检测，用绝缘表分别测端子 DC+、DC-与壳体之间的绝缘电阻 	检测项目	测量值	标准值	结果判断
---	---	---	---
DC+ —壳体		≥500MΩ	□正常 □不正常
DC- —壳体		≥500MΩ	□正常 □不正常 | (7) 快速充电端子 CC_1 与 PE 之间电阻检测，用万用表测端子 CC_1 与 PE 之间的电阻 | 检测项目	测量值	标准值	结果判断
---	---	---	---
CC_1-PE		1000Ω 左右	□正常 □不正常 | (8) 快速充电端子 PE 与车身搭铁的电阻检查 | 检测项目	测量值	标准值	结果判断
---	---	---	---
PE—车身搭铁的电阻值		小于 1Ω	□正常 □不正常	
6. 交流充电桩用慢充线的检查与维护	(1) 检查慢充线外观有无破损、老化、裂痕　□有　□无 (2) 用万用表分别检测两端充电枪各端子（L-L、PE-PE、NC_1-NC_1、NC_2-NC_2、CC-CC、CP-CP、N-N）之间的电阻 	检测项目	测量值	标准值	结果判断
---	---	---	---
L-L		<1Ω	□正常 □不正常
PE-PE		<1Ω	□正常 □不正常
NC_1-NC_1		<1Ω	□正常 □不正常
NC_2-NC_2		<1Ω	□正常 □不正常
CC-CC		<1Ω	□正常 □不正常
CP-CP		<1Ω	□正常 □不正常
N-N		<1Ω	□正常 □不正常 | (3) 用万用表检测端子 CC 和 PE 之间的电阻 | 检测项目	测量值	标准值	结果判断
---	---	---	---
CC-PE		16A 充电线 680Ω 32A 充电线 220Ω	□正常 □不正常	
7.家用交流慢充线检查与维护	(1) 检查家用交流慢充线外观有无破损、老化、裂痕　□有　□无 (2) 用万用表分别检测端对端各端子（L-L、N-N、E-E）之间的电阻。 	检测项目	测量值	标准值	结果判断
---	---	---	---
L-L		<1Ω	□正常 □不正常
N-N		<1Ω	□正常 □不正常
E-E		<1Ω	□正常 □不正常	
8.用充电设备给实车充电	根据相应操作流程进行
9. 现场恢复	复原车辆，整理工具，清洁实训场地

这次实训中，我的收获是：

 任务评价

任务评价见表 3-11。

表 3-11 任务评价

考核项目		评分标准	学生自评（20%）	小组互评（40%）	教师评价（40%）	小计
知识目标（30 分）	纯电动汽车充电系统的类型及组成（5 分）	能完整叙述				
	不同充电系统的工作原理（5 分）	能完整叙述				
	不同充电方式的操作流程（10 分）	能完整叙述				
	充电设备的检查与维护（10 分）	能完整叙述				
技能目标（50 分）	纯电动汽车不同充电方式的充电路径（10 分）	会查找				
	充电设备的检查与维护（20 分）	会操作				
	用不同的充电方式给纯电动汽车充电（20 分）	会操作				
素质目标（20 分）	安全、规范操作（5 分）	做到做好				
	操作步骤、流程正确完整（5 分）	正确熟练				
	团队合作（5 分）	是否和谐				
	现场 7S（5 分）	是否做到				
总评						

 任务小结

（1）本任务的学习目标是：

（2）我的任务目标达成情况是：

（3）我今后的努力方向或改进方法：

任务 3.2 车载充电机的拆装与检测

思政目标

本任务通过学习车载充电机的作用、结构及工作原理，团队完成车载充电机的拆装与检测任务，培养学生相互配合相互协作的团队工作意识，提高动手能力，提升学生的职业道德与职业素养，强调安全规范操作，树立爱岗敬业理念。

任务目标

知识目标	1. 了解车载充电机的作用、结构及工作原理 2. 了解车载充电机的安装位置及接口定义 3. 了解检查与维护车载充电机的方法和注意事项
技能目标	1. 能够正确选择维修工具对车载充电机进行更换 2. 能按正确操作规范进行车载充电机的维护与更换

任务引入

小张在某新能源汽车 4S 店工作，今天接到一辆故障车，经检查需要更换车载充电机。你知道如何进行安全、规范的操作吗？

知识准备

参考后面的内容，完成以下填空题。

（1）充电机按照安装位置不同，可分为_____和_____。

（2）_____是指固定安装在纯电动汽车上的充电机，它能将外部输入的_____转化成直流电输送给_____，从而能够为动力电池充电；还能依据_____提供的数据，动态调节充电电流或者_____。

（3）北汽 EV160 车载充电机性能参数：输入电压为_____V，输出电压为_____V，充电效率在满载时能够大于_____%。

（4）车载充电机指示灯包括_____、_____、_____。

（5）车载充电机的主要功能包括_____、_____、_____。

充电机主要用来给纯电动汽车上的动力电池充电，按照安装位置不同，可分为车载电机和地面充电机。地面充电机一般为固定在充电站内的大型充电机，主要特点是大功率和快速充电。而车载充电机安装在车辆内部，其优势是可以在车库、路边或者住宅等任何有交流供电电源的地方随时充电，功率相对较小。

一、认识车载充电机

车载充电机是指固定安装在纯电动汽车上的充电机，如图 3-20 所示。它能将外部输入的交流电转化成直流电输送给高压控制盒，从而能够为动力电池充电；还能依据 BMS 提供的数据，动态调节充电电流或者电压参数，执行相应的动作，对动力电池安全、自动地充电。

图 3-20　车载充电机安装位置

车载充电机能量转换效率高，体积小，耐受恶劣工作环境能力强。北汽 EV160 车载充电机输入电压为 220V，输出电压为 240～410V，充电效率在满载时能够大于 90%。由于车载充电机在工作过程中有较多的热量产生，因此在车载充电机外壳上安装散热片以加强散热。

不同的车辆可能安装不同参数的车载充电机，表 3-12 所列为北汽 EV160 车载充电机的参数。

表 3-12　北汽 EV160 车载充电机的参数

项　　目	参　数　值
输入电压	（220±15%）V AC
输出电压	240～410V DC
效率	满载大于 90%
冷却方式	风冷
防护等级	IP66

二、车载充电机的功能

纯电动汽车车载充电机采用高频开关技术，其功能如图 3-21 所示。

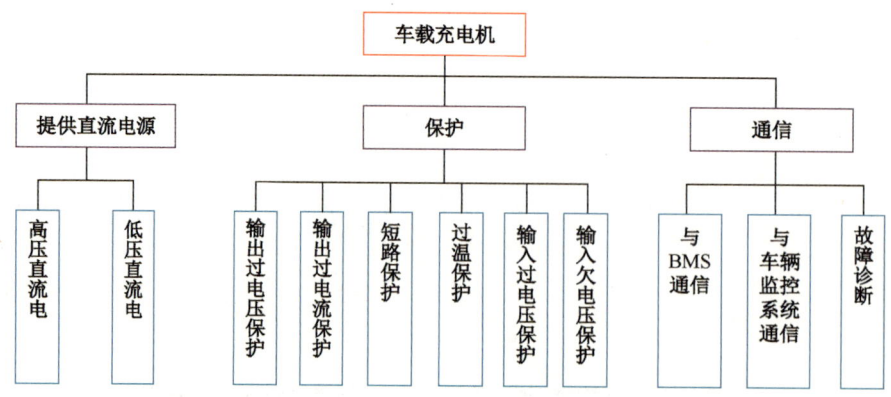

图 3-21 车载充电机的功能

1. 提供直流电源

车载充电机最主要的功能是将外部提供的交流电（220V），通过整流、升压转换成动力电池所需的高压直流电，保证车辆正常行驶。此外在充电过程中，还为低压系统提供低压电源（一般为12V）。车载充电机的供电功能见表 3-13。

表 3-13 车载充电机的供电功能

电源	功能
高压直流电	经高压控制盒为动力电池供电
低压直流电	充电时，给 BMS、VCU、仪表等供电

2. 保护

车载充电机提供保护功能，包括过电压、过电流、过温、欠电压等多种保护功能，能够在充电系统出现异常时及时切断供电，在充电完成后自动切断输出，具体保护功能见表 3-14。

表 3-14 车载充电机的保护功能

保护形式	保护条件
输出过电压保护	输出大于或等于设定电压值时关闭输出
输出过电流保护	输出大于或等于设定电流值时关闭输出
短路保护	输出短路时，充电机自动进入输出限流保护或关闭状态
过温保护	当温度超过过温保护值时，充电机自动进入过温保护状态，温度恢复正常后，自动恢复工作状态
输入过电压保护	输入大于或等于设定电压值时关闭输入
输入欠电压保护	输入小于或等于设定电压值时关闭输入

3. 通信

车载充电机的通信系统将充电状态发送给 BMS，BMS 通过通信系统控制车载充电机的工作状态，可以将内部故障信息发送到 CAN 网络，具体功能见表 3-15。

项目 3　动力电池充电系统的认识与检测

表 3-15　车载充电机的通信功能

通信形式	功　能
与 BMS 通信	BMS 控制车载充电系统的工作状态（工作模式指令、动力电池允许最大电压、充电允许最大电流、加热状态电流值等），同时车载充电机将充电状态（单体电池、总电压、温度、电流等）发送给 BMS
与车辆监控系统通信	通过通信系统将充电状态（电压、电流等）发送到车辆仪表或监控系统
故障诊断	将车载充电机内部故障信息发送到 CAN 网络，可以通过诊断仪或 CAN 卡读出数据

三、车载充电机的结构

车载充电机主要由机体、散热片、冷却风扇、线束接口、车载充电机指示灯组成，如图 3-22 所示。

1. 交流输入端

交流输入端的主要作用是通过充电电缆连接交流充电桩或家用 220V 交流插座，使外部的交流电进入充电系统。北汽 EV160 车载充电机交流输入端如图 3-23 所示，各端子的作用见表 3-16。

图 3-22　车载充电机的组成

图 3-23　北汽 EV160 车载充电机交流输入端

表 3-16　北汽 EV160 车载充电机交流输入端各端子的作用

端子编号	作　用
1	L（交流电源）
2	N（交流电源）
3	PE（搭铁）
4	空
5	CC（充电连接确认）
6	CP（控制连接确认）

2. 直流输出端

直流输出端的主要作用是通过高压电缆把高压直流电输送给高压控制盒。北汽 EV160

车载充电机直流输出端如图 3-24 所示,各端子的作用见表 3-17。

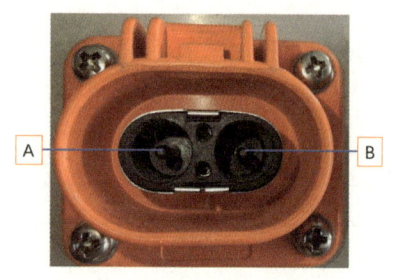

图 3-24 北汽 EV160 车载充电机直流输出端

表 3-17 北汽 EV160 车载充电机直流输出端各端子的作用

编号	作用
A	电源负极
B	电源正极

3. 低压信号端

低压信号端的主要作用是通过总线与电池管理系统等进行通信,提供 12V 低压电、输入输出互锁等。北汽 EV160 车载充电机低压信号端如图 3-25 所示,部分端子的作用见表 3-18。

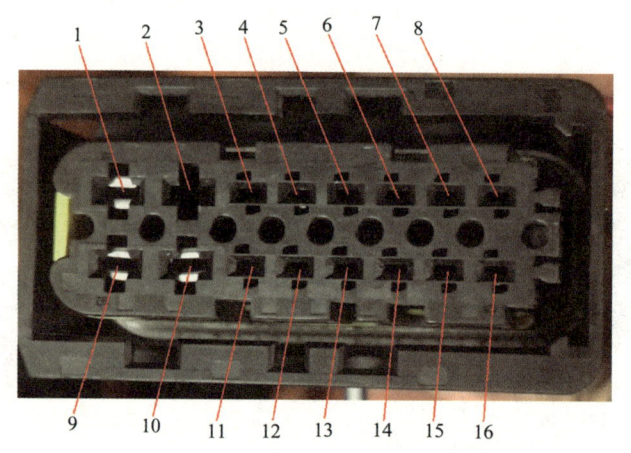

图 3-25 北汽 EV160 车载充电机低压信号端

表 3-18 北汽 EV160 车载充电机低压信号端部分端子的作用

编号	作用
1	新能源 CAN-L
2	新能源 CAN-GND
5	互锁输出(到高低压插件)
8	GND
9	新能源 CAN-H
11	CC 信号输出
13	互锁输入(到空调压缩机低压插件)
15	12V+OUT
16	12V-IN

4. 车载充电机指示灯

车载充电机指示灯包括 POWER 指示灯（电源指示灯）、RUN 指示灯（充电指示灯）、FAULT 指示灯（故障指示灯）。三个指示灯均安装在车载充电机上，如图 3-26 所示。车载充电机指示灯含义见表 3-19。

图 3-26　车载充电机指示灯

表 3-19　车载充电机指示灯含义

名　称	作　用
POWER 指示灯	电源指示灯，当接通交流电后亮起
RUN 指示灯	当充电机接通动力电池进入充电状态后，充电指示灯亮起
FAULT 指示灯	故障指示灯，当充电机内部有故障时亮起

四、车载充电机的工作原理

车载充电机的主要作用就是把交流电转换成直流电输出。当车载充电机接上交流电后，并不是立刻将电能输出给电池，而是通过 BMS 首先对电池的状态进行采集、分析和判断，进而调整充电机的充电参数。

充电时，首先连接交流充电桩或家用 220V 插座给车载充电机提供交流电，在充电前输出低压唤醒整车控制系统，整车控制系统给 BMS 信号去检测电源系统的充电需求，BMS 先对电池电压进行检测，当检测到电池电压过低时，BMS 给车载充电机发送工作指令，车载充电机开始工作，进行充电。刚开始充电时，先用小电流对其进行修复性充电；若检测到动力电池电压在正常的工作范围内，则直接进入恒流充电模式。当 BMS 检测到电源系统充电完成后，给车载充电机发送停止指令，车载充电机停止工作。

五、车载充电机的维护与拆装

1. 车载充电机的维护（表3-20）

表3-20 车载充电机的维护

作业内容及图示	技术规范及要求
车载充电机外观检查	检查车载充电机是否有明显碰撞的痕迹，是否有变形或破损，散热片是否有污垢
车载充电机连接线束检查 	检查车载充电机连接线束有无破损、裂纹，高低压连接线束连接是否牢靠，有无松动
车载充电机紧固螺栓检查 	检查车载充电机紧固螺栓的紧固力矩是否足够 注意事项：不同的车辆，紧固力矩不同，须查阅维修手册确定力矩大小

续表

作业内容及图示	技术规范及要求
车载充电机冷却风扇检查 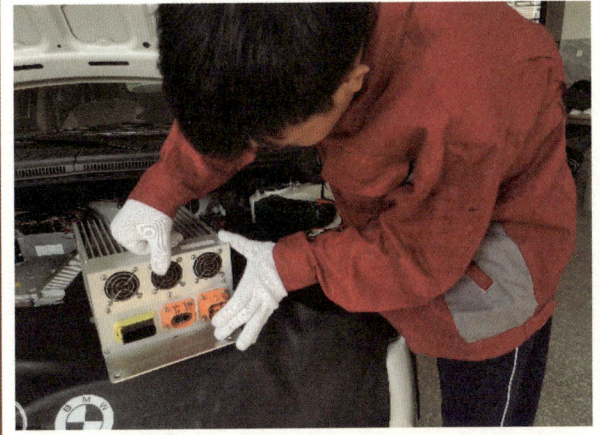	检查冷却风扇转动是否灵活，挡风圈上有无异物，必要时进行外表面清洁
车载充电机冷却管路检查 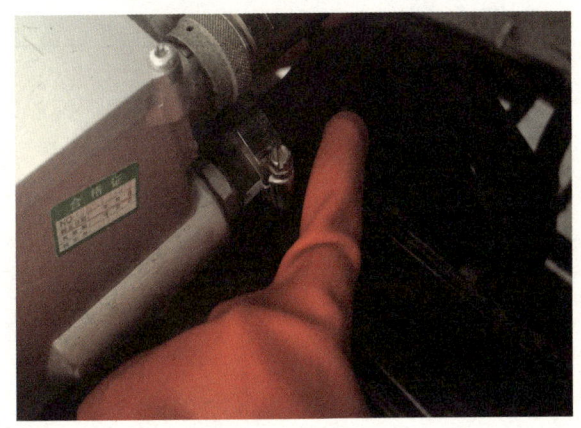	检查冷却管路连接处是否有液体渗出，检查散热器端密封处有无渗漏现象。如出现液体渗漏，须立即维修
车载充电机工作状态检查  三个指示灯由上至下分别为： 　FAULT指示灯 　RUN指示灯 　FAULT指示灯	查看车载充电机工作状态是否正常的方法：（1）当充电正常时，POWER指示灯、RUN指示灯点亮；（2）当启动半分钟后仍只有POWER指示灯亮，有可能是动力电池无充电需求或已充满；（3）当FAULT指示灯亮时，说明充电系统出现异常；（4）当指示灯都不亮时，检查充电桩、车载充电机、充电线束及插件

续表

作业内容及图示	技术规范及要求
车载充电机绝缘性能检查 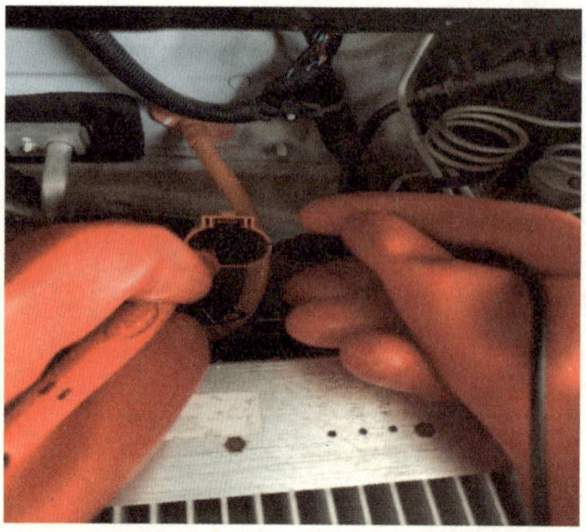	用绝缘表分别测量车载充电机交流输入端、直流输出端的电源端子的绝缘电阻，应符合标准

2. 车载充电机的拆装（表3-21）

表3-21 车载充电机的拆装

作业内容及图示	技术规范及要求
拆装准备工作 	准备工作包括：安装三件套、翼子板布和前格栅布，并按照规范流程进行断电操作
拔下车载充电机线束插头及管路 	线束插头包括交流输入端插头、直流输出端插头、低压信号端插头 管路为冷却管路

项目 3　动力电池充电系统的认识与检测

续表

作业内容及图示	技术规范及要求
拆卸车载充电机紧固螺栓 	拆卸车载充电机 4 个紧固螺栓
取下车载充电机 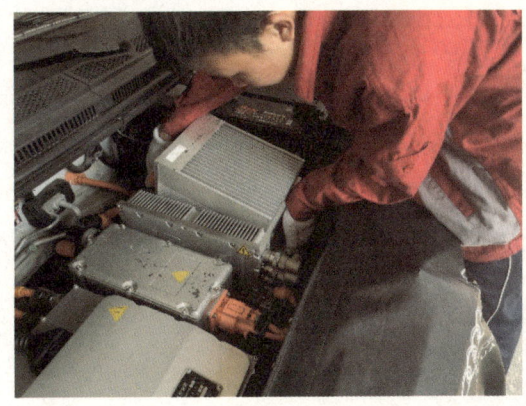	取下车载充电机
安装车载充电机	按照拆卸逆流程进行安装即可
更换后的检查 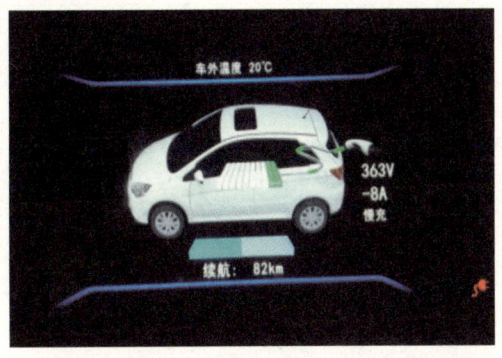	更换后的检查包括安全检查和慢充测试 　安全检查：检查安装牢固性、各线束插头是否到位、高低压部件绝缘性能等 　慢充测试：进行慢充测试，检查仪表显示是否正常，车载充电机指示灯显示是否正常

任务分析

要解决任务引入中的问题,须对车载充电机有一定的了解,并能对车载充电机进行检查、维护与更换车载充电机。

任务实施

根据任务分析,本任务的重点是认识车载充电机,并能对车载充电机进行检查、维护和更换。

充电系统的认识与使用 实训任务单

姓名		班别		学号	
实训车型	北汽 EV160/200	需要的检测设备		三件套、车轮挡块、绝缘表、拆装工具箱等	
实训目标					

实训目标:
1. 在实车上找出车载充电机的位置,并找出其交流输入端、直流输出端线束插头连接路径
2. 对车载充电机进行简单的检查与维护
3. 完成车载充电机的拆装
4. 养成安全生产的习惯
5. 组员间合作学习,培养团结协作精神

一、根据实训内容,填写组员分工表

组员分工表

姓名	任务分工(完成步骤)

续表

二、实训操作

实训活动	操作内容	备注
1. 前期准备	准备工具,给车辆垫好三角木,安装三件套、绝缘表等	
2. 认识车载充电机	(1)在实车上找到车载充电机的位置,安装在_____ (2)在实车上找到车载充电机并观察,安装有_____个接口,分别是_____接口、_____接口、_____接口,分别有____个端子、____个端子、____个端子 (3)在实车上找到车载充电机上交流输入接口电缆、直流输出接口电缆并观察,交流输入接口电缆一端接车载充电机,另一端接_____;直流输出接口电缆一端接车载充电机,另一端接_____	
3. 查找车载充电机的电气性能参数	查阅维修手册,填写车载充电机的电气性能参数 车载充电机电气性能参数 | 项目	规格
---	---
AC 输入	
电压	
频率	
电流	
功率因数	
高压输出	
电压	
电流	
电压精度	
电流精度	
电压纹波系数	
输出功率	
其他性能	
效率	
待机功耗			
4. 车载充电机的检查与维护	(1)车载充电机外观检查 检查车载充电机是否有明显碰撞的痕迹,是否有变形或破损,散热片是否有污垢 ☐ 正常 ☐ 不正常 _____ (2)车载充电机连接线束检查 检查车载充电连接线束有无破损、裂纹,高低压连接端子连接是否牢靠,有无松动 ☐ 正常 ☐ 不正常 _____ (3)车载充电机紧固螺栓检查 检查车载充电机紧固螺栓的紧固力矩是否正常 ☐ 正常 ☐ 不正常 _____ (4)车载充电机冷却风扇检查 检查冷却风扇转动是否灵活,挡风圈上有无异物 ☐ 正常 ☐ 不正常 _____	

续表

4. 车载充电机的检查与维护	（5）车载充电机冷却管路检查 检查冷却管路连接处是否有液体渗出，检查散热器端密封处有无渗漏现象 □ 正常　　□ 不正常 _____	
	（6）车载充电机工作状态检查 □ 正常　　□ 不正常 _____	
	（7）车载充电机绝缘性能检查 用绝缘表分别测量车载充电机交流输入端、直流输出端的电源端子的绝缘电阻，应符合标准 直流输出端绝缘性能检测 	检测对象	检测项目	实测值	标准值	结果判定
---	---	---	---	---
直流输出端	正极绝缘电阻			□正常 □不正常
	负极绝缘电阻			□正常 □不正常 | 交流输入端绝缘性能检测 | 检测对象	检测项目	实测值	标准值	结果判定
---	---	---	---	---
交流输入端	交流电源（L）绝缘电阻			□正常 □不正常
	交流电源（N）绝缘电阻			□正常 □不正常		
5. 车载充电机的拆装	按规范流程完成车载充电机的拆装 拆装完成后，将点火开关置于 ON 位置，进行如下检查： 进行充电测试，仪表显示_____，车载充电机指示灯显示_____	
6. 现场恢复	复原车辆，整理工具，清洁实训场地	
这次实训中，我的收获是：		

 任务评价

任务评价见表 3-22。

表 3-22　任务评价

考核项目		评分标准	学生自评（20%）	小组互评（40%）	教师评价（40%）	小计
知识目标（30分）	车载充电机的作用及组成（10分）	能完整叙述				
	车载充电机的结构及工作原理（10分）	能完整叙述				
	车载充电机的检查、维护、拆装注意事项（10分）	能完整叙述				
技能目标（50分）	车载充电机的位置（10分）	能找到				
	车载充电机的线束连接路径（10分）	会查找				
	车载充电机的检查、维护、拆装（30分）	会操作				

项目 3　动力电池充电系统的认识与检测

续表

考核项目		评分标准	学生自评（20%）	小组互评（40%）	教师评价（40%）	小计
素质目标（20分）	安全、规范操作（5分）	做到做好				
	操作步骤、流程正确完整（5分）	正确熟练				
	团队合作（5分）	是否和谐				
	现场7S（5分）	是否做到				
总评						

任务小结

（1）本任务的学习目标是：

（2）我的任务目标达成情况是：

（3）我今后的努力方向或改进方法：

任务 3.3　DC/DC 转换器的拆装与检测

思政目标

本任务通过学习 DC/DC 转换器的作用、结构及工作原理，团队完成 DC/DC 转换器的拆装与检测任务，培养学生相互配合相互协作的团队工作意识，提高动手能力，提升学生的职业道德与职业素养，强调安全规范操作，树立爱岗敬业理念。

新能源汽车动力电池管理及维护技术

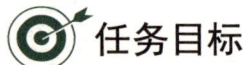

任务目标

知识目标	1. 了解 DC/DC 转换器的作用、结构及工作原理 2. 了解 DC/DC 转换器安装位置及接口定义 3. 了解检查与维护 DC/DC 转换器的方法和注意事项
技能目标	1. 能够正确选择维修工具对 DC/DC 转换器进行更换 2. 能够按操作规范进行 DC/DC 转换器的维护与更换

任务引入

小张在某新能源汽车 4S 店工作,今天接到一辆故障车,维修师傅检查后告知小张需要更换 DC/DC 转换器。你知道如何进行安全、规范的操作吗?

知识准备

参考后面的内容,完成下列填空题。

(1)纯电动汽车至少带有_____个电池,一个是提供全车能量输出的_____,北汽 EV160 的动力电池电压为_____左右;另一个是给低压系统供电的_____,电压为_____左右。

(2)DC/DC 转换器相当于传统的 _____。

(3)DC/DC 转换器通过调整高压直流电_____来控制输出有效电压的大小。

(4)北汽 EV160 DC/DC 转换器由_____、_____、_____、_____四个接口组成。

(5)DC/DC 转换器工作时,动力电池的_____V 高压直流电经过动力电池高压线束到_____,由高压控制盒经过高压附件线束进入_____,再由 DC/DC 转换器的低压输出正负极进入_____。

一、认识 DC/DC 转换器

1. DC/DC 转换器的作用

纯电动汽车至少带有两个电池:一个是提供全车能量输出的动力电池,北汽 EV160 的动力电池电压为 320V 左右;另一个是给低压系统供电的低压蓄电池,电压为 12V 左右。DC/DC 转换器相当于传统的发电机,如图 3-27 所示。它将动力电池 290~420V 高压直流电转换成 12V 低压直流电给整车用电设备(灯光、雨刮、仪表等)供电,同时给低压蓄电池充电,如图 3-28 所示。

DC/DC 转换器工作时,动力电池的 290~420V 高压直流电经过动力电池高压线束到高压控制盒,由高压控制盒经过高压附件线束进入 DC/DC 转换器,再由 DC/DC 转换器的低压输出正负极进入低压蓄电池,如图 3-29 所示。

项目 3　动力电池充电系统的认识与检测

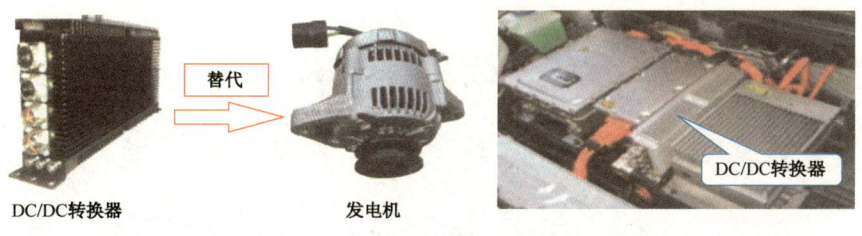

图 3-27　DC/DC 转换器及其安装位置

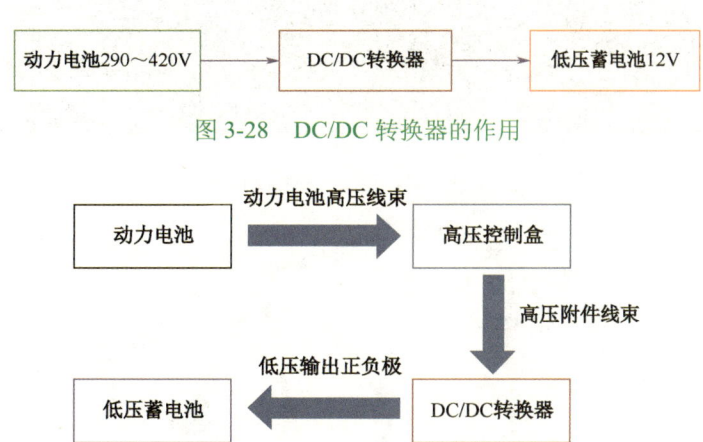

图 3-28　DC/DC 转换器的作用

图 3-29　DC/DC 转换器工作流程

DC/DC 转换器具有输入过、欠电压保护，输出过、欠电压保护，输出过载、短路保护以及过温保护等功能，具有效率高、体积小、耐受恶劣环境等特点。

不同的车辆可能安装不同参数的 DC/DC 转换器，表 3-23 所列为北汽 EV160 的 DC/DC 转换器参数。

表 3-23　北汽 EV160 的 DC/DC 转换器参数

参　　数	值
系统工作电压	6～18V
额定输入电压	336V DC
输入电压范围	200～420V DC
额定输出电压	14V DC
输出电压精度	±0.2V DC
额定输出电流	100A

2. DC/DC 转换器的结构

DC/DC 转换器主要由机体、散热片、低压输出正极、低压输出负极、低压控制端、高压输入端组成，如图 3-30 所示。

（1）DC/DC 转换器高压输入端通过高压附件线束总成与高压控制盒连接，如图 3-31 所示。

高压输入端有 4 个端子，如图 3-30 所示，各端子定义与作用见表 3-24。

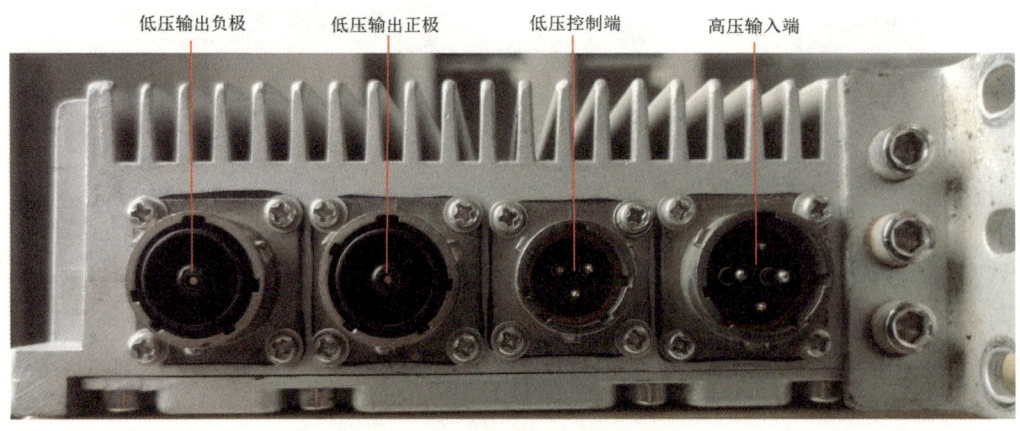

图 3-30　DC/DC 转换器的结构

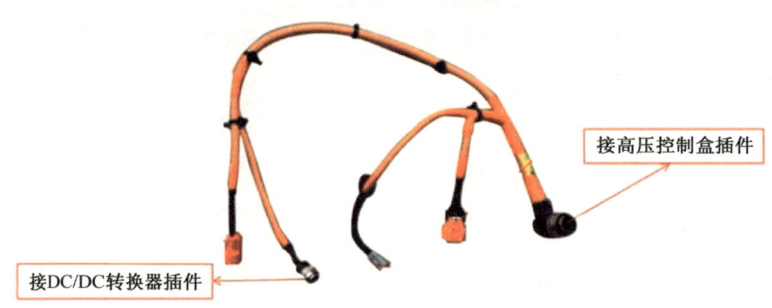

图 3-31　DC/DC 转换器高压输入端与高压控制盒连接

表 3-24　高压输入端各端子定义与作用

名　称	定　义	作　用
A 端子	电源负极	通过高压控制盒接动力电池负极
B 端子	电源正极	通过高压控制盒接动力电池正极
1、2 端子	高压互锁端子	用于检测高压安全

（2）低压控制端有 3 个端子，如图 3-30 所示，各端子定义与作用见表 3-25。

表 3-25　低压控制端各端子定义与作用

名　称	定　义	作　用
A 端子	控制电路电源正极兼使能	直流 12V 启动，0~1V 关机
B 端子	电源状态信号输出	故障，12V 高电平；正常，低电平
C 端子	控制电路电源负极	提供负极回路

（3）低压输出负极和低压输出正极直接连接低压蓄电池的负极和正极，并且在正极电缆上安装 150A 的限流熔丝。

二、DC/DC 转换器的工作原理

DC/DC 转换器又称降压斩波电路，主要由主电路、控制电路、驱动电路及保护电路组成，其工作原理如图 3-32 所示。

项目 3　动力电池充电系统的认识与检测

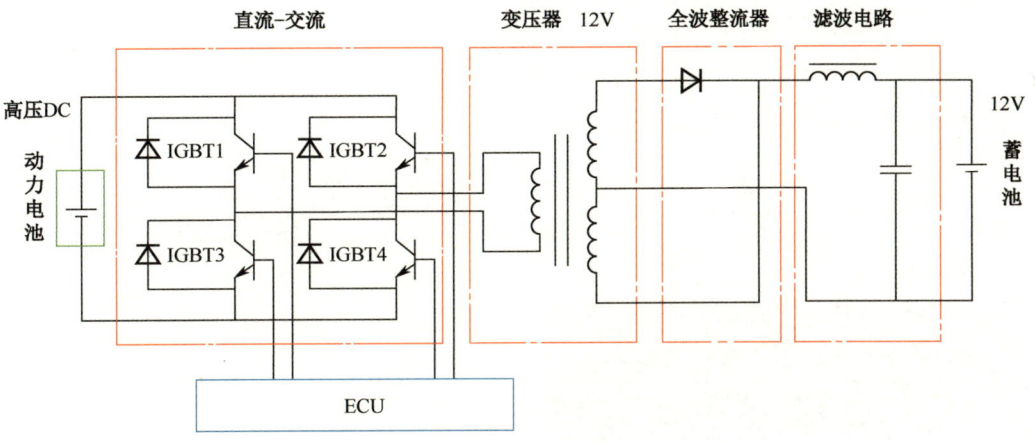

图 3-32　DC/DC 转换器工作原理

1. 主电路

主电路用来完成直流到直流的电压变换，又称直流斩波电路。

2. 控制电路

控制电路用来产生降压斩波电路的控制信号。

3. 驱动电路

驱动电路把控制信号转换成开关信号，通过控制开关的通断来控制降压斩波电路的主电路。

4. 保护电路

保护电路用来防止电路产生过电流现象而损害电路设备。

DC/DC 转换器通过调整高压直流电 PWM（占空比）来控制输出有效电压的大小，如图 3-33 所示。

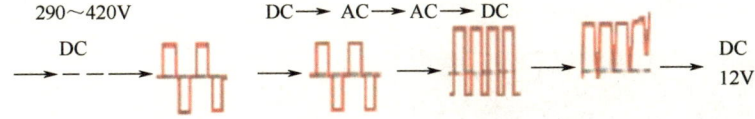

图 3-33　DC/DC 转换器调整 PWM 示意图

DC/DC 转换器的工作原理是首先通过 ECU 控制绝缘栅双极晶体管的导通与截止，把动力电池的高压直流电逆变成高压、高频交流电，然后通过变压器把这一高压、高频交流电转变成低压、高频交流电，最后通过二极管整流滤波变成 12V 直流电。

DC/DC 转换器工作过程：整车 ON 挡上电或充电唤醒上电，动力电池完成高压系统预充电流程，MCU 发送使能信号给 DC/DC 转换器，DC/DC 转换器开始工作。

三、DC/DC 转换器的维护与拆装

1. DC/DC 转换器的维护（表 3-26）

表 3-26 DC/DC 转换器的维护

作业内容及图示	技术规范及要求
DC/DC 转换器外观检查	检查 DC/DC 转换器外观是否有明显碰撞的痕迹，是否有变形或破损，散热片是否有污垢
DC/DC 转换器连接线束检查 	检查 DC/DC 转换器连接线束有无破损、裂纹，高低压连接端子连接是否牢靠，有无松动
DC/DC 转换器紧固螺栓检查 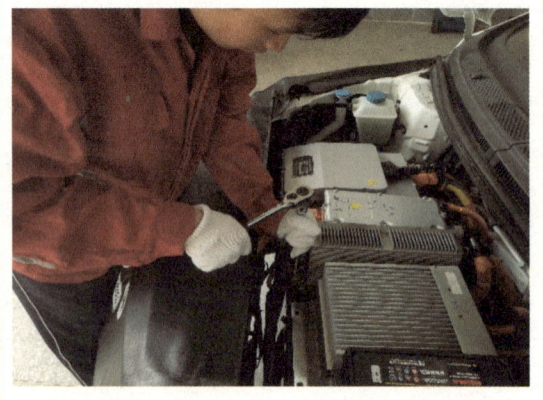	检查 DC/DC 转换器紧固螺栓的紧固力矩是否正常 注意事项：不同的车辆，紧固力矩不同，须查阅维修手册确定力矩大小

续表

作业内容及图示	技术规范及要求
DC/DC 转换器输出电压检查 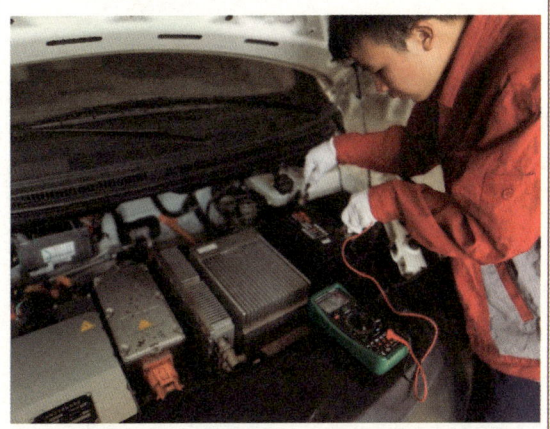	检测 DC/DC 转换器的输出电压，可以判断 DC/DC 转换器是否正常工作，方法如下： （1）点火开关置于 OFF 挡，用万用表测量低压蓄电池的端电压，正常应为 12V 左右 （2）点火开关置于 ON 挡，给整车通电，用万用表测量低压蓄电池的端电压，正常应为 14V 左右（关闭车上用电设备） 注意，如果检测值低于规定值，可能原因有车上用电设备未关、DC/DC 转换器故障、万用表测量有误差
DC/DC 转换器绝缘性能检查 	用绝缘表测量 DC/DC 转换器高压输入端电源端子的绝缘电阻，应符合标准 绝缘电阻的标准阻值应大于 20MΩ

2. DC/DC 转换器的拆装（表 3-27）

表 3-27　DC/DC 转换器的拆装

作业内容及图示	技术规范及要求
拆装准备工作	准备工作包括：安装三件套、翼子板布和前格栅布，并按照规范流程进行断电操作

续表

作业内容及图示	技术规范及要求
拔下 DC/DC 转换器线束插头 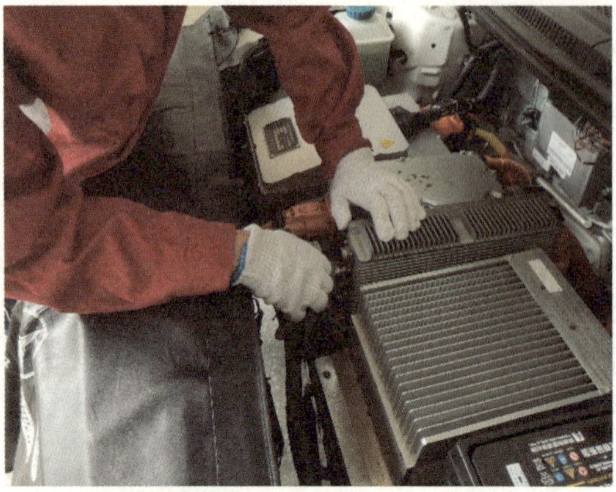	线束插头包括：高压输入端插头、低压控制端插头、低压输出正负极插头
拆卸 DC/DC 转换器紧固螺栓 	拆下 DC/DC 转换器 4 个紧固螺栓
取下 DC/DC 转换器 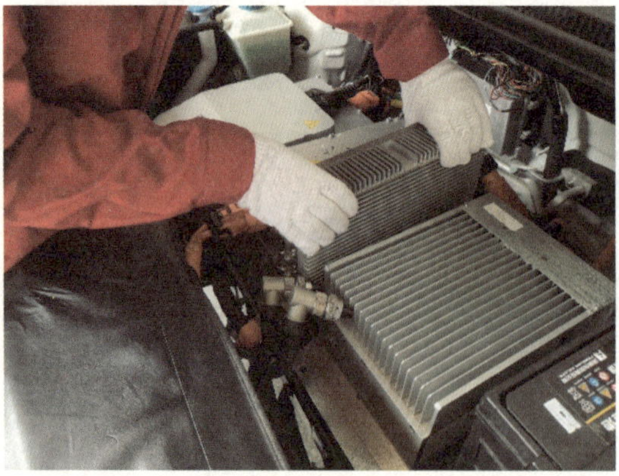	取下 DC/DC 转换器
安装 DC/DC 转换器	按照拆卸逆流程进行安装即可

项目 3　动力电池充电系统的认识与检测

续表

作业内容及图示	技术规范及要求
安装后的检查 	安装完成后须检测 DC/DC 转换器是否正常工作 （1）点火开关置于 OFF 挡，用万用表测量低压蓄电池的端电压，正常应为 12V 左右 （2）点火开关置于 ON 挡，给整车通电，用万用表测量低压蓄电池的端电压，正常应为 14V 左右（关闭车上用电设备）

任务分析

要解决任务引入中的问题，须对 DC/DC 转换器有一定的了解，并能对 DC/DC 转换器进行检查、维护与更换 DC/DC 转换器。

任务实施

根据任务分析，本任务的重点是认识 DC/DC 转换器，并能对 DC/DC 转换器进行检查、维护和更换。

DC/DC 转换器的拆装与检测　实训任务单

姓名		班别		学号	
实训车型	北汽 EV160/200	需要的检测设备	三件套、车轮挡块、绝缘表、拆装工具箱等		
实训目标	1. 在实车上找出 DC/DC 转换器的位置，并找出其线束插头连接路径 2. 对 DC/DC 转换器进行简单的检查与维护 3. 完成 DC/DC 转换器的拆装 4. 养成安全生产的习惯 5. 组员间合作学习，培养团结协作精神				

续表

一、根据实训内容，填写组员分工表

组员分工表

姓名	任务分工（完成步骤）

二、实训操作

实训活动	操作内容
1. 前期准备	准备工具，给车辆垫好三角木，安装三件套、绝缘表等
2. 认识 DC/DC 转换器	（1）在实车上找到 DC/DC 转换器的位置，其安装在_____ （2）在实车上找到 DC/DC 转换器并观察，有_____个接口，分别是_____接口、_____接口、_____接口、_____接口，分别有____个端子、____个端子、____个端子、____个端子 （3）实车上找到 DC/DC 转换器上高压输入接口电缆、低压输出正极接口电缆、低压输出负极接口电缆并观察 高压输入接口电缆一端接 DC/DC 转换器，另一端接_____ 低压输出正极接口电缆一端接 DC/DC 转换器，另一端接_____ 低压输出负极接口电缆一端接 DC/DC 转换器，另一端接_____
3. 填写 DC/DC 转换器的电气性能参数	查阅维修手册，填写 DC/DC 转换器的电气性能参数 DC/DC 转换器电气性能参数 | 参　数	规　格
--------	--------
系统电压	
额定输入电压	
输入电压范围	
额定输出电压	
输出电压精度	
额定输出电流	
峰值输出电流	
额定输出功率	
峰值输出功率	
效率	
输出电压上升时间	
控制方式		

续表

4. DC/DC 转换器的检查与维护	**（1）DC/DC 转换器外观检查** 检查 DC/DC 转换器是否有明显碰撞的痕迹，是否有变形或破损，散热片是否有污垢 ☐ 正常 ☐ 不正常 _____ **（2）DC/DC 转换器连接线束检查** 检查 DC/DC 转换器连接线束有无破损、裂纹，连接端子的连接是否牢靠，有无松动 ☐ 正常 ☐ 不正常 _____ **（3）DC/DC 转换器紧固螺栓检查** 检查 DC/DC 转换器紧固螺栓的紧固力矩是否正常 ☐ 正常 ☐ 不正常 _____ **（4）DC/DC 转换器输出电压检查** 用万用表检测低压蓄电池的输出电压，判断 DC/DC 转换器工作是否正常 | 检测条件	检测值	标准值	结论	备注 | |---|---|---|---|---| | 点火开关置于 OFF 挡 | | 12V 左右 | | 关闭车上用电设备 | | 点火开关置于 ON 挡 | | 14V 左右 | | | 结论：DC/DC 转换器是否正常工作　☐ 正常　☐ 不正常 **（5）DC/DC 转换器绝缘性能检查** 用绝缘表测量 DC/DC 转换器高压输入端电源端子的绝缘电阻，应符合标准 | 检测对象 | 检测项目 | 实测值 | 标准值 | 结果判定 | |---|---|---|---|---| | 高压输入端 | 电源正极绝缘电阻阻值 | | | ☐正常　☐不正常 | | | 电源负极绝缘电阻阻值 | | | ☐正常　☐不正常 |
5. DC/DC 转换器的拆装	按规范流程完成 DC/DC 转换器拆装 拆装完成后，进行 DC/DC 转换器输出电压检查： （1）点火开关置于 OFF 挡，测得低压蓄电池电压为_____V （2）点火开关置于 ON 挡，测得低压蓄电池电压为_____V 结论：DC/DC 转换器输出电压_____（正常或不正常） DC/DC 转换器安装_____（正常或不正常）
6. 现场恢复	复原车辆，整理工具，清洁实训场地

这次实训中，我的收获是：

 任务评价

任务评价见表 3-28。

表 3-28　任务评价

考核项目		评分标准	学生自评（20%）	小组互评（40%）	教师评价（40%）	小计
知识目标（30 分）	DC/DC 转换器的作用及组成（10 分）	能完整叙述				
	DC/DC 转换器的结构及工作原理（10 分）	能完整叙述				
	DC/DC 转换器的检查、维护、拆装注意事项（10 分）	能完整叙述				
技能目标（50 分）	DC/DC 转换器的位置（10 分）	能找到				
	DC/DC 转换器线束连接路径（20 分）	会查找				
	DC/DC 转换器的检查、维护、拆装（20 分）	会操作				
素质目标（20 分）	安全、规范操作（5 分）	做到做好				
	操作步骤、流程正确完整（5 分）	正确熟练				
	团队合作（5 分）	是否和谐				
	现场 7S（5 分）	是否做到				
总评						

 任务小结

（1）本任务的学习目标是：

（2）我的任务目标达成情况是：

（3）我今后的努力方向或改进方法：

项目 3　动力电池充电系统的认识与检测

任务 3.4　高压控制盒的拆装与检测

思政目标

本任务通过学习高压控制盒的作用、结构及工作原理，团队完成高压控制盒的拆装与检测任务，培养学生相互配合相互协作的团队工作意识，提高动手能力，提升学生的职业道德与职业素养，强调安全规范操作，树立爱岗敬业理念。

任务目标

知识目标	1. 了解高压控制盒的作用、结构及工作原理 2. 了解高压控制盒的安装位置及接口定义 3. 了解检查与维护高压控制盒的方法和注意事项
技能目标	1. 能够正确选择维修工具对高压控制盒进行更换 2. 能按操作规范进行高压控制盒的维护与更换

任务引入

小张在某新能源汽车 4S 店工作，今天接到一辆故障车，维修师傅检查后告知小张需要更换高压控制盒。你知道如何进行安全、规范的操作吗？

知识准备

参考后面的内容，完成下列填空题。

（1）高压控制盒也称_____或_____，主要功能是对动力电池中存储的电能进行_____，实现对支路用电器件的保护。

（2）高压控制盒外壳为_____，前后共有 5 个插件接口，分别为_____、_____、_____、_____及_____。

（3）高压控制盒内部有_____控制面板、_____个熔断器。

（4）高压控制盒内部 4 个熔断器分别为：_____、_____、_____、_____。

（5）快充继电器的作用是当车辆连接外部快充充电桩后，_____检测确认可以充电后发送信号给_____，通过高压控制盒上的_____将信号传递给_____，快充继电器闭合，外部直流高压电从快充充电桩流经快充充电线、快充口、_____、快充继电器后，经高压控制盒母线插件接口、_____，进入动力电池。

新能源汽车动力电池管理及维护技术

一、认识高压控制盒

1. 高压控制盒的作用

高压控制盒也称高压配电盒或高压配电箱,跨接在快充口和电池之间,以及动力电池和 MCU 之间,主要功能是对动力电池中存储的电能进行输出及分配,实现对支路用电器件的保护。它在对整车高压配电进行管理的同时,实现对各路输出分别控制,对高压安全进行管理,有过电流、过电压、过温保护功能,同时具备 CAN 通信功能,可以实时交换数据。

高压电流通过高压电缆直接进入高压控制盒后,根据各车型系统需要,被分配到系统各高压电气部件,并且需要保证整个高压系统及各高压电气设备的安全性、绝缘性、电磁干扰屏蔽性等,高压控制盒的位置如图 3-34 所示。

图 3-34 高压控制盒的位置

2. 高压控制盒的结构

高压控制盒的外形如图 3-35 所示。高压控制盒外壳为铝合金结构,前后共有 5 个插件接口,分别为快充插件接口、低压控制插件接口、高压附件插件接口、动力电池插件接口及电机控制器插件接口。

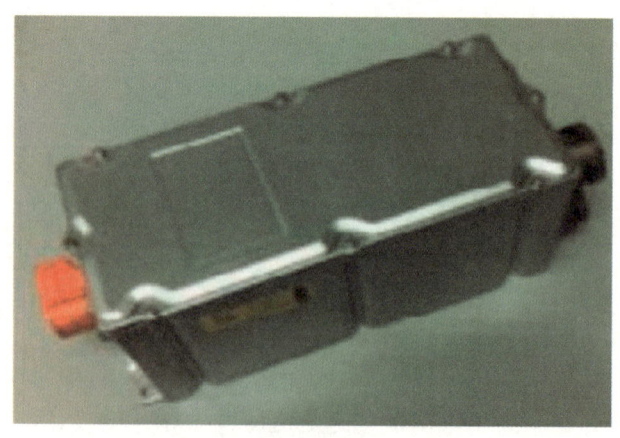

图 3-35 高压控制盒的外形

项目 3 动力电池充电系统的认识与检测

其中，高压控制盒前部有两个插件接口，分别为快充插件接口和低压控制插件接口；高压控制盒后部有三个插件接口，分别为高压附件插件接口、动力电池插件接口及电机控制器插件接口，如图 3-36 所示。

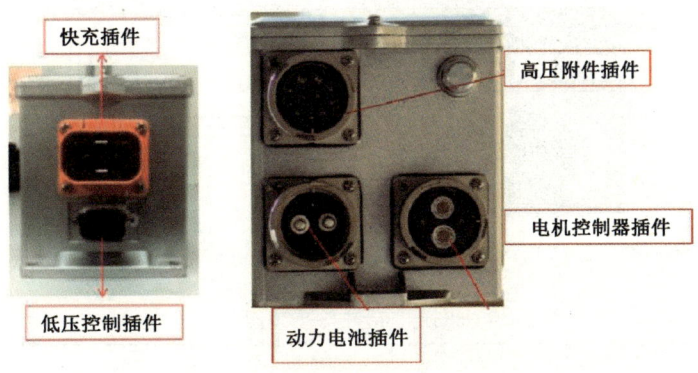

图 3-36　高压控制盒插件接口

1）快充插件接口

快充插件接口在高压控制盒前部，该接口通过快充线束连接车辆前部的快充口。该接口有 4 个端子，如图 3-37 所示。

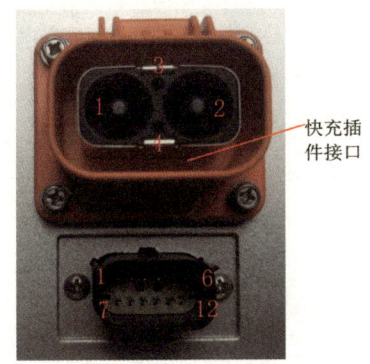

图 3-37　快充插件接口

快充插件接口各端子说明见表 3-29。

表 3-29　快充插件接口各端子说明

端子名称	说　　明
1 端子	接快充线束负极
2 端子	接快充线束正极
3 端子	互锁信号线
4 端子	互锁信号线

2）低压控制插件接口

低压控制插件接口在高压控制盒前部，该接口通过低压信号线束连接车辆 ECU。该接口共有 12 个端子，如图 3-38 所示。部分端子说明见表 3-30。

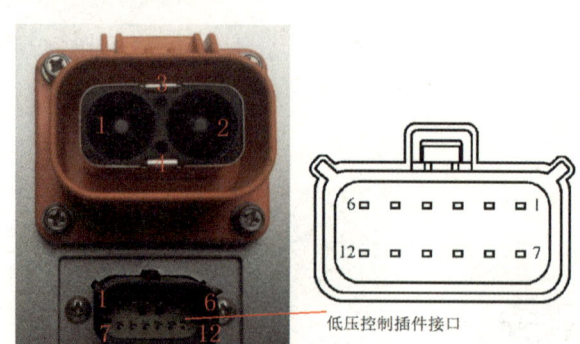

图 3-38　低压控制插件接口

表 3-30　低压控制插件接口部分端子说明

端子名称	说　　明
1 端子	接快充继电器线圈（正极）
2 端子	接快充继电器线圈（控制端）
3 端子	接空调继电器线圈（正极）
4 端子	接空调继电器线圈（控制端）
5 端子	接 PTC 控制器 GND
6 端子	接 PTC 控制器 CAN-L
7 端子	接 PTC 控制器 CAN-H
8 端子	接 PTC 温度传感器负极
9 端子	接 PTC 温度传感器正极
10 端子	空
11 端子	空

3）高压附件插件接口

高压附件插件接口在高压控制盒的后部，该接口共有 11 个端子，如图 3-39 所示。各端子说明见表 3-31。该接口通过高压附件线束（图 3-40）连接 DC/DC 转换器、PTC 加热装置、空调压缩机、车载充电机等高压附件。

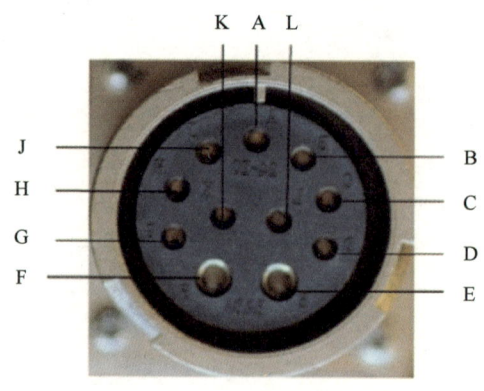

图 3-39　高压附件插件接口端子

表 3-31　高压附件插件接口各端子说明

端子名称	说　明
A 端子	DC/DC 转换器电源正极
B 端子	PTC 电源正极
C 端子	压缩机电源正极
D 端子	PTC-A 组负极
E 端子	车载充电机电源正极
F 端子	车载充电机电源负极
G 端子	DC/DC 转换器电源负极
H 端子	压缩机电源负极
J 端子	PTC-B 组负极
L 端子	互锁信号线
K 端子	空

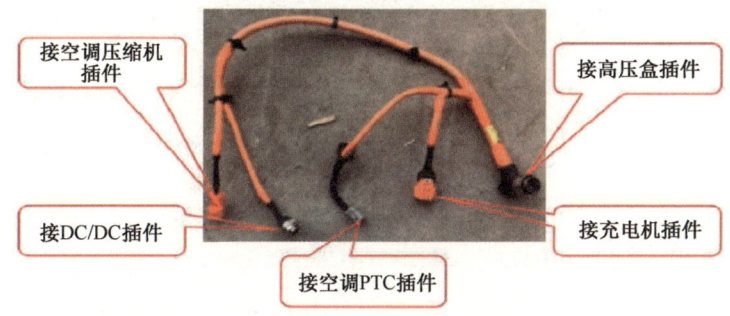

图 3-40　高压附件线束

4）动力电池插件接口

动力电池插件接口通过高压母线连接动力电池，该接口共有 4 个端子，如图 3-41 所示。各端子说明见表 3-32。

图 3-41　动力电池插件接口

表 3-32 动力电池插件接口各端子说明

端子名称	说　明
A 端子	接电源负极
B 端子	接电源正极
C 端子	互锁信号线
D 端子	互锁信号线

5）电机控制器插件接口

电机控制器插件接口通过高压线束连接电机控制器，该接口共有 4 个端子，如图 3-42 所示。各端子说明见表 3-33。

图 3-42　电机控制器插件接口

表 3-33　电机控制器插件接口各端子说明

端子名称	说　明
A 端子	接电源负极
B 端子	接电源正极
C 端子	互锁信号线
D 端子	互锁信号线

拆下高压控制盒的上盖，可以看到其内部结构，如图 3-43 所示。高压控制盒内部有 PTC 控制面板（图 3-44）、四个熔断器（如图 3-45 所示，四个熔断器从上到下依次为车载充电机熔断器、DC/DC 熔断器、空调压缩机熔断器、PTC 熔断器）、快充继电器（图 3-46）。

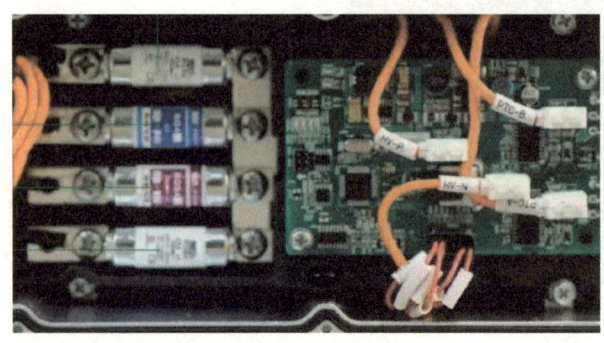 

图 3-43　高压控制盒内部结构　　　　图 3-44　PTC 控制面板

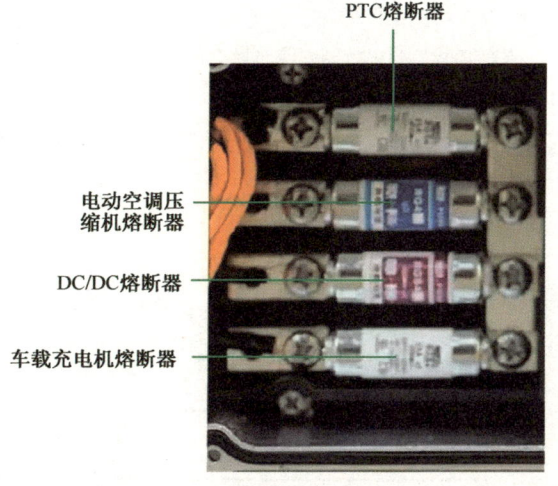

图 3-45 高压控制盒内部的四个熔断器

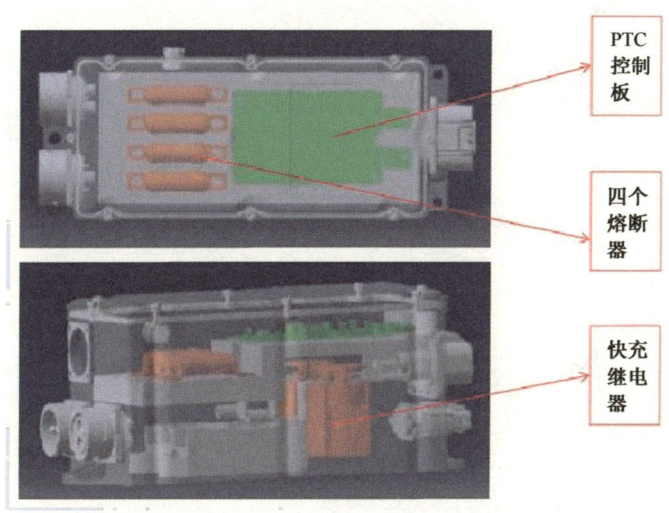

图 3-46 高压控制盒内部的快充继电器

各熔断器的作用如下。

PTC 熔断器：规格为 690V-20A，允许的最高电压为 690V，最大电流为 20A，用来对空调暖风 PTC 加热装置进行保护，当电流超过最大值时自动熔断。

空调压缩机熔断器：规格为 690V-32A，允许的最高电压为 690V，最大电流为 32A，用来对空调压缩机系统进行保护，当电流超过最大值时自动熔断。

DC/DC 熔断器：规格为 690V-10A，允许的最高电压为 690V，最大电流为 10A，用来对 DC/DC 转换器进行保护，当电流超过最大值时自动熔断。

车载充电机熔断器：规格为 690V-25A，允许的最高电压为 690V，最大电流为 25A，用来对车载充电机进行保护，当电流超过最大值时自动熔断。

PTC 控制面板用来对空调暖风进行控制，当开启空调暖风时，MCU 通过低压控制插件接口对高压控制盒中的 PTC 控制面板输出信号，使其对空调暖风 PTC 加热装置进行控制，PTC 加热装置按照 MCU 要求进行加热，从而使空调系统输出暖风。

快充继电器的作用是当车辆连接外部快充充电桩后，MCU检测确认可以充电后发送信号给高压控制盒，通过高压控制盒上的低压控制端将信号传递给快充继电器，快充继电器闭合，外部直流高压电从快充充电桩流经快充充电线、快充口、高压控制盒快充插件接口、快充继电器后，经高压控制盒母线插件接口、高压母线，进入动力电池。

二、高压控制盒的工作原理

当纯电动汽车处于充电模式时，转换后的高压直流电经高压控制盒连接动力电池，如图3-47所示。

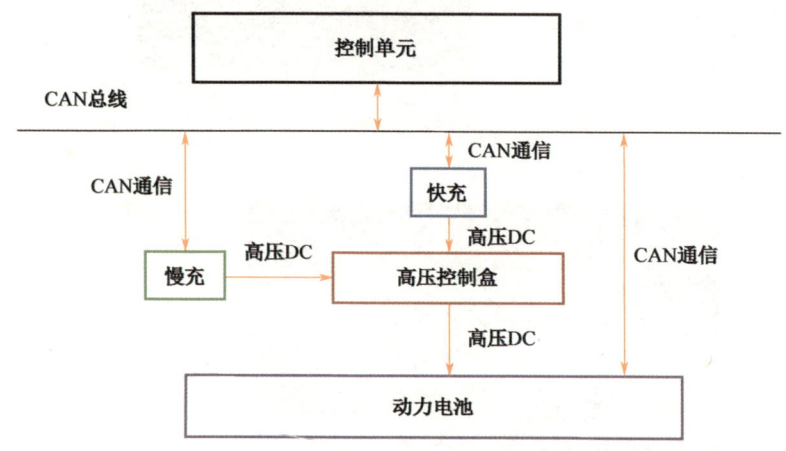

图3-47　充电模式下高压控制盒工作原理示意图

当纯电动汽车处于驱动模式时，动力电池中存储的高压直流电经高压控制盒分配到各用电设备，保证各设备的电能需求，如图3-48所示。

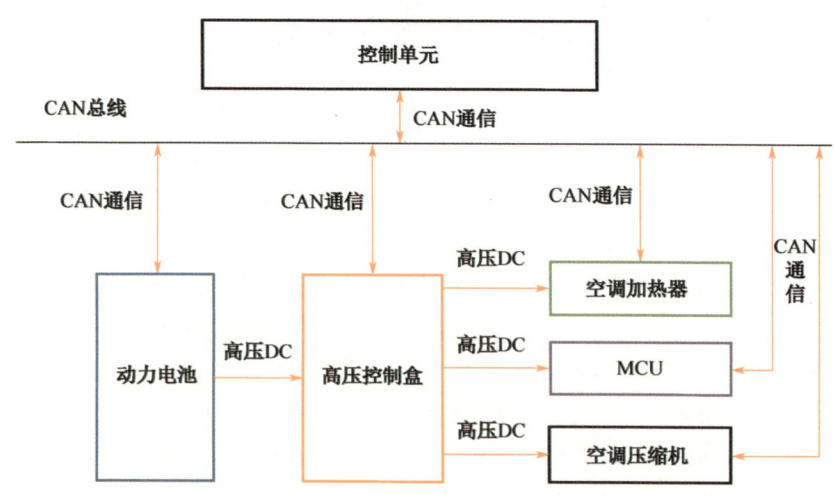

图3-48　驱动模式下高压控制盒工作原理示意图

当纯电动汽车处于制动能量回收模式时，回收的电能经高压控制盒直接以高压电流形式存储到动力电池中，如图3-49所示。

项目 3　动力电池充电系统的认识与检测

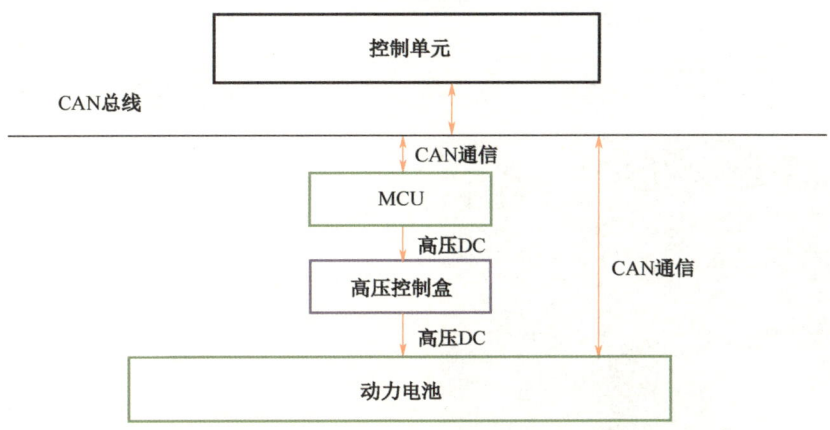

图 3-49　制动能量回收模式下高压控制盒工作原理示意图

三、高压控制盒的维护与拆装

1. 高压控制盒的维护（表 3-34）

表 3-34　高压控制盒的维护

作业内容及图示	技术规范及要求
高压控制盒外观检查 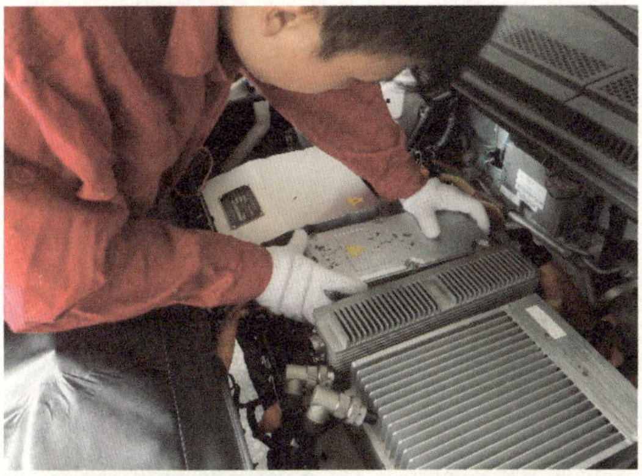	检查高压控制盒外观是否有明显碰撞的痕迹，是否有变形或破损，散热片是否有污垢
高压控制盒连接线束检查 	检查高压控制盒连接线束有无破损、裂纹，高低压连接端子的连接是否牢靠、有无松动

续表

作业内容及图示	技术规范及要求
高压控制盒紧固螺栓检查 	检查高压控制盒紧固螺栓有无锈蚀，紧固力矩是否正常 注意事项：不同车辆的紧固力矩不同，须查阅维修手册确定力矩大小
高压控制盒绝缘性能检查 	用绝缘表测量快充插件接口高压电缆、高压附件插件接口 11 芯高压电缆、动力电池插件接口高压电缆及电机控制器插件接口高压电缆的绝缘电阻，应符合标准 绝缘电阻的标准值为 500Ω/V 注意事项：检测高压线束绝缘电阻时，要确保高压线束与各用电设备完全断开，否则无法确定阻值是否正常

2. 高压控制盒的拆装（表 3-35）

表 3-35　高压控制盒的拆装

作业内容及图示	技术规范及要求
拆装准备工作 	准备工作包括：安装三件套、翼子板布和前格栅布，并按照规范流程进行断电操作

项目 3　动力电池充电系统的认识与检测

续表

作业内容及图示	技术规范及要求
拔下高压控制盒线束插头 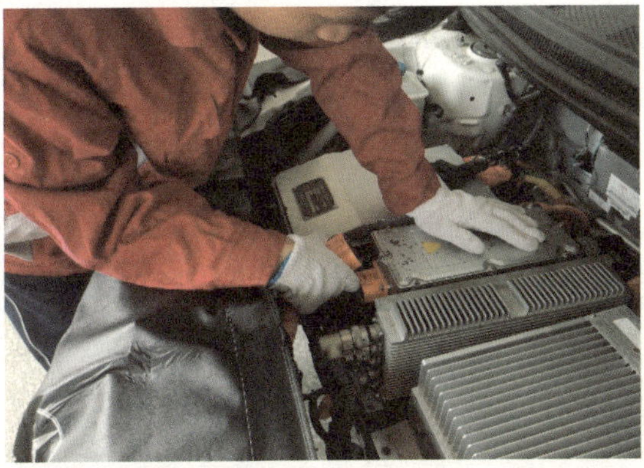	线束插头包括：快充插件接口插头、低压控制插件接口插头、高压附件插件接口插头、动力电池插件接口插头及电机控制器插件接口插头
拆卸高压控制盒紧固螺栓 	拆下高压控制盒的紧固螺栓
取下高压控制盒 	取下高压控制盒
安装高压控制盒	按照拆卸逆流程进行安装即可
安装完成后的检查	检查仪表是否点亮，车辆行驶是否正常，是否能正常充电

新能源汽车动力电池管理及维护技术

 任务分析

要解决任务引入中的问题,须对高压控制盒有一定的了解,并能对高压控制盒进行检查,维护与更换。

任务实施

根据任务分析,本任务的重点是认识高压控制盒,并能对高压控制盒进行检查、维护和更换。

高压控制盒的拆装与检测　实训任务单

姓名		班别		学号	
实训车型	北汽 EV160/200	需要的检测设备		三件套、车轮挡块、绝缘表、拆装工具箱等	
实训目标	1. 在实车上找出高压控制盒,并找出其线束插头连接路径 2. 对高压控制盒进行简单的检查与维护 3. 完成高压控制盒的拆装 4. 养成安全生产的习惯 5. 组员间合作学习,培养团结协作精神				

一、根据实训内容,填写组员分工表

组员分工表

姓名	任务分工(完成步骤)

二、实训操作

实训活动	操作内容
1. 前期准备	准备工具,给车辆垫好三角木,安装三件套、绝缘表等

续表

2．认识高压控制盒	（1）在实车上找到高压控制盒，其安装在_____ （2）在实车上找到高压控制盒并观察，共有_____个接口，分别是_____接口、_____接口、_____接口、_____接口、_____接口，分别有____个端子、____个端子、____个端子、____个端子、____个端子。 （3）在实车上找到高压控制盒上的快充插件接口电缆、低压控制插件接口电缆、高压附件插件接口电缆、动力电池插件接口电缆、电机控制器插件接口电缆并观察 快充插件接口电缆一端接高压控制盒，另一端接_____ 低压控制插件接口电缆一端接高压控制盒，另一端接_____ 高压附件插件接口电缆一端接高压控制盒，另一端分别接_____、_____、_____、_____ 电机控制器插件接口电缆一端接高压控制盒，另一端接_____	
3．高压控制盒的检查与维护	（1）检查高压控制盒外观 检查高压控制盒是否有明显碰撞的痕迹，是否有变形或破损 ☐正常　☐不正常_____ （2）检查高压控制盒连接线束 检查高压控制盒连接线束有无破损、裂纹，连接端子连接是否牢靠、有无松动 ☐正常　☐不正常_____ （3）检查高压控制盒紧固螺栓 检查高压控制盒紧固螺栓的紧固力矩是否正常 ☐正常　☐不正常_____ （4）检查高压控制盒绝缘性能 用绝缘表测量高压控制盒快充插件接口电缆、高压附件插件接口电缆、动力电池插件接口电缆、电机控制器插件接口电缆的绝缘电阻，应符合标准	

快充插件接口电缆绝缘性能检测

检测对象	检测项目	实测值	标准值	结果判定
快充插件接口电缆	电源正极绝缘电阻			☐正常　☐不正常
	电源负极绝缘电阻			☐正常　☐不正常

高压附件插件接口电缆绝缘性能检测

检测对象	检测项目	实测值	标准值	结果判定
高压附件插件接口电缆	A端子绝缘电阻			☐正常　☐不正常
	B端子绝缘电阻			☐正常　☐不正常
	C端子绝缘电阻			☐正常　☐不正常
	D端子绝缘电阻			☐正常　☐不正常
	E端子绝缘电阻			☐正常　☐不正常
	F端子绝缘电阻			☐正常　☐不正常
	G端子绝缘电阻			☐正常　☐不正常
	H端子绝缘电阻			☐正常　☐不正常
	J端子绝缘电阻			☐正常　☐不正常

续表

3．高压控制盒的检查与维护	动力电池插件接口电缆绝缘性能检测					
^	检测对象	检测项目	实测值	标准值	结果判定	
^	动力电池插件接口电缆	电源正极绝缘电阻			□正常 □不正常	
^	^	电源负极绝缘电阻			□正常 □不正常	
^	电机控制器插件接口电缆绝缘性能检测					
^	检测对象	检测项目	实测值	标准值	结果判定	
^	电机控制器插件接口电缆	电源正极绝缘电阻			□正常 □不正常	
^	^	电源负极绝缘电阻			□正常 □不正常	
4．高压控制盒的拆装	按规范流程完成高压控制盒的拆装，安装完成后检查： 仪表是否点亮 □是 □否 车辆是否能正常行驶 □是 □否 车辆是否能正常充电 □是 □否					
5．现场恢复	复原车辆，整理工具，清洁实训场地					

这次实训中，我的收获是：

 任务评价

任务评价见表 3-36。

表 3-36　任务评价

考核项目		评分标准	学生自评（20%）	小组互评（40%）	教师评价（40%）	小计
知识目标（30 分）	高压控制盒的作用及组成（10 分）	能完整叙述				
^	高压控制盒的结构及工作原理（10 分）	能完整叙述				
^	高压控制盒的检查、维护、拆装注意事项（10 分）	能完整叙述				
技能目标（50 分）	高压控制盒的位置（10 分）	能找到				
^	高压控制盒线束连接路径（20 分）	会查找				
^	高压控制盒的检查、维护、拆装（20 分）	会操作				
素质目标（20 分）	安全、规范操作（5 分）	做到做好				
^	操作步骤、流程正确完整（5 分）	正确熟练				
^	团队合作（5 分）	是否和谐				
^	现场 7S（5 分）	是否做到				
总评							

 任务小结

(1) 本任务的学习目标是:

(2) 我的任务目标达成情况是:

(3) 我今后的努力方向或改进方法:

项目 4 动力电池管理系统的认识与检测

项目概述

纯电动汽车在使用过程中,要使动力电池工作在合理的电压、电流和温度范围内,就需要对动力电池的使用进行有效管理。动力电池只有在优良的动力电池管理系统支持下才能发挥能效。实践证明,先进的动力电池管理系统能够将动力电池工作效率提高 30% 以上。对于镍氢电池和锂离子电池,有效管理尤其重要,如果管理不善,不仅会显著缩短动力电池的使用寿命,还可能引起火灾等安全事故。因此,动力电池管理系统(Battery Management System,BMS)是纯电动汽车的必备装置。

思维导图

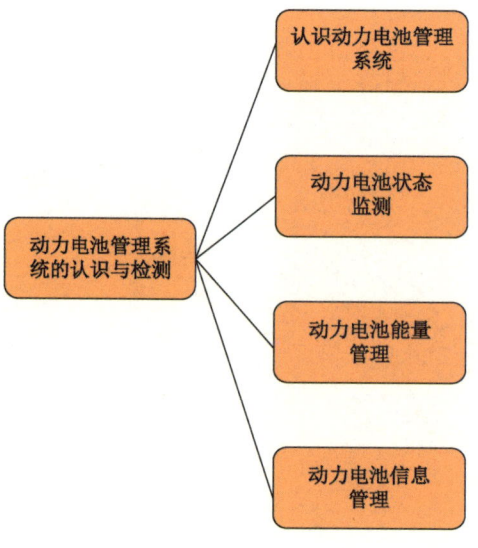

项目 4 动力电池管理系统的认识与检测

任务 4.1 认识动力电池管理系统

思政目标

本任务通过学习动力电池管理系统的整体认知，学习过程中通过分享芯片战争案例，讲解国内核心技术的薄弱问题以及国内汽车厂商电控系统核心技术的薄弱等问题，激励学生奋发图强，勇于创新，激发学生的爱国主义情怀，树立为中华民族的伟大复兴而努力学习的信念。

任务目标

知识目标	1. 能够表述纯电动汽车动力电池管理系统的定义和基本功能 2. 能够表述纯电动汽车动力电池管理系统的工作原理
技能目标	1. 能在实车上找出动力电池管理系统的位置和主要部件 2. 能在实车上进行动力电池管理系统的更换

任务引入

一辆 2015 款北汽 EV200 轿车，已行驶 673km，在正常行驶过程中突然报警，中控屏上显示"动力电池故障"，同时动力系统失效。技术主管检测确定是 BMS 故障，需要更换 BMS。针对该故障现象，该如何进行 BMS 的拆装呢？

知识准备

参考后面的内容，完成下列填空题。
（1）动力电池管理系统的英文简称为_____。
（2）纯电动汽车动力电池管理系统可以监测电池的_____、_____、_____状态，预测动力电池的_____和_____，可以为动力电池提供通信、安全、电芯平衡及管理控制，并提供与应用设备通信的接口。
（3）动力电池管理系统按结构可分为硬件和软件，其中硬件包括_____、从控盒和_____，还包括采集_____、_____、_____等电子器件。
（4）动力电池管理系统的功能主要包括电池状态监测、_____、_____、能量控制管理、_____及其他扩展功能。

103

新能源汽车动力电池管理及维护技术

一、动力电池管理系统的定义

在国家标准 GB/T 19596—2017《电动汽车术语》中动力电池管理系统的定义为：监测电池的温度、电压、荷电状态，预测动力电池的电池容量和相应的剩余行驶里程，可以为电池提供通信、安全、电芯平衡及管理控制，并提供与应用设备通信接口的系统（图 4-1）。动力电池的管理应避免出现过放电、过充电、过热和单体电池之间电压严重不平衡的现象，最大限度地利用动力电池存储能力和循环寿命。

图 4-1　动力电池管理系统

二、动力电池管理系统的基本组成

纯电动汽车的动力电池管理系统从结构上可分为硬件和软件。硬件包括主控盒（BCU）、从控盒（BMU）和高压控制盒，还包括采集电压、电流、温度等数据的电子器件。动力电池管理系统架构如图 4-2 所示。软件包括底层软件和应用层软件，用来监测电压、电流、SOC 值、绝缘电阻值、温度值，通过与 VCU、充电机进行通信，从而控制动力电池的充放电。BMS 部件的作用见表 4-1。

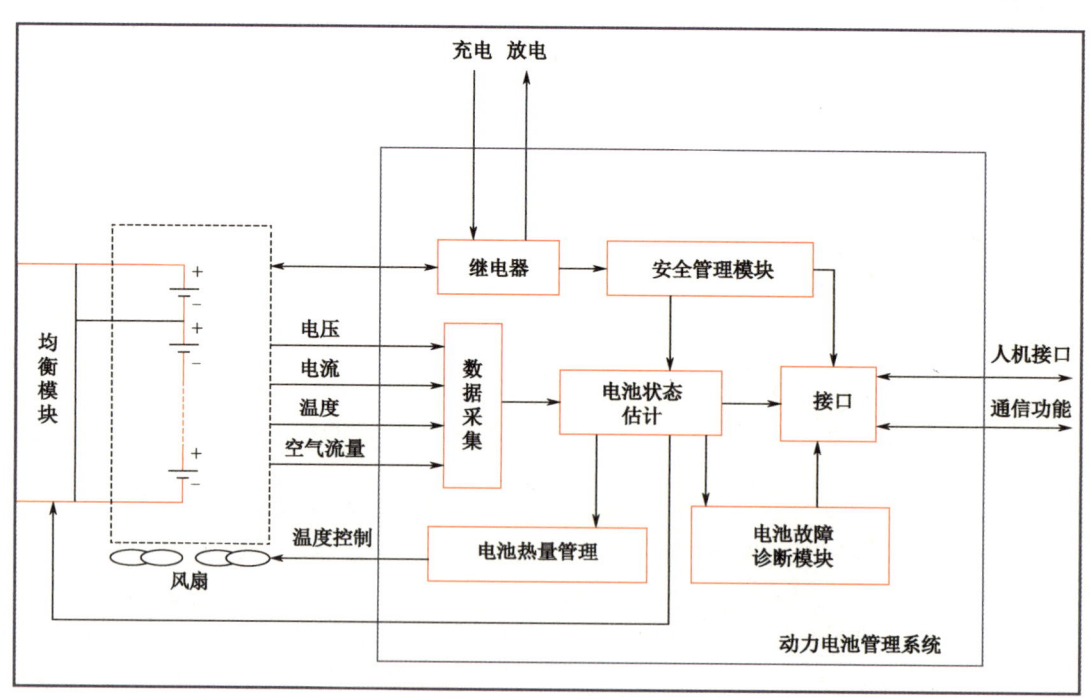

图 4-2　动力电池管理系统架构

表 4-1 BMS 部件的作用

部 件	作 用
主控盒	接收 VCU 的指令，根据高压回路的绝缘状况，控制正负母线接触器的开闭，决定整车安全上下电；接收从控盒采集的动力电池电压、动力电池温度及母线电流等数据，计算动力电池的电压、电量及充放电能力，与 VCU 或充电机通信；存储动力电池充电次数，计算动力电池寿命；存储动力电池故障信息等
从控盒	对各动力电池模块或单体电池的电压进行采集、计算与处理，找出最高电压电芯、最低电压电芯；计算电芯最高电压与最低电压的差值，应小于 0.03V；充电时有一节电芯电压达到充电截止电压，即停止充电；放电时有一节电芯电压降到放电截止电压，即停止放电；通过可靠的数据传输通道与主控盒进行指令及数据的双向传输
高压控制盒	控制 PTC 加热装置、预充接触器、高压正负母线接触器
高压绝缘盒	当接收到高压正负母线接触器上电指令后，对高压回路进行绝缘性能监测；当检测到高压回路绝缘电阻值不合格时，立即高压下电，并在仪表显示屏上报出高压绝缘故障提示；检测各个接触器触点的开闭状态，并将结果报告给主控盒
传感器	采集动力电池电压、电流和温度等信号
底层软件	架构符合汽车开发系统架构标准，模块化开发容易实现拓展和移植，可提高开发效率
应用层软件	BMS 的控制核心，包括动力电池保护、电气保护、诊断管理、热管理、继电器控制、均衡控制等

三、动力电池管理系统的基本功能

BMS 是保护和管理动力电池的核心部件，它不仅要保证动力电池安全、可靠，而且要充分发挥动力电池的性能和延长动力电池寿命。BMS 通过控制接触器来控制动力电池的充放电，并向 VCU 传送动力电池的基本参数及故障信息，其基本功能如图 4-3 所示。

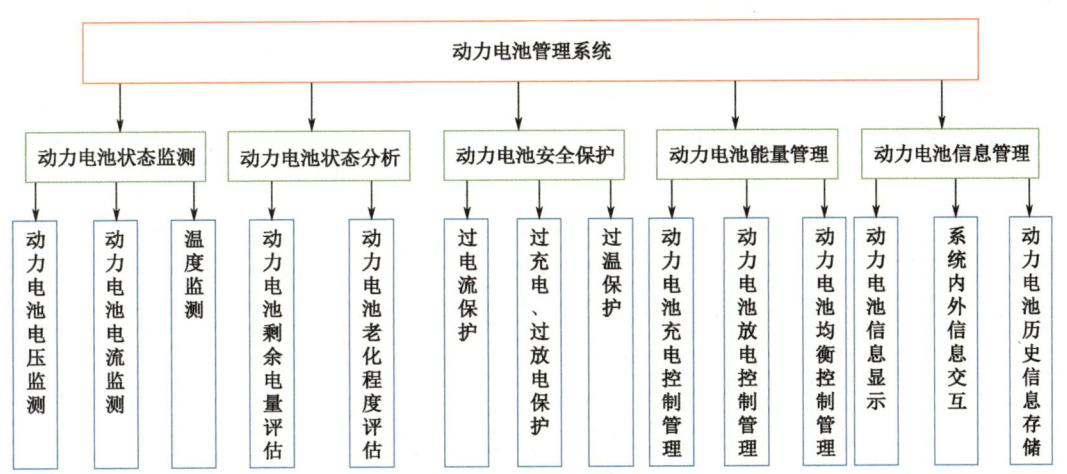

图 4-3 BMS 的基本功能

1. 动力电池状态监测

动力电池状态监测是指对电压、电流、温度三种物理量的监测，也就是动力电池的数据采集功能，能够实时采集动力电池中每个电池模块的端电压、放电电流、动力电池组总电压及温度等。对于温度监测，除了针对动力电池本身，还应对环境温度、动力电池箱的温度进行监测，这对于动力电池剩余电量评估和安全保护等方面具有非常重要的意义。

2. 动力电池状态分析

BMS 能够准确地对动力电池的剩余电量（SOC）和电池健康状态（SOH）进行预测，随时预报动力电池的 SOC 值，将其控制在 30%～70%的工作范围内，让驾驶员了解剩余电量对续航里程的影响。对 SOC 的分析结果会受 SOH 的影响，而动力电池在使用过程中 SOH 又受温度和电流等的影响而不断变化，因此需要不断对其进行分析，以确保 SOC 分析结果的准确性。

3. 动力电池安全保护

动力电池安全保护是纯电动汽车动力电池管理系统最重要的功能。动力电池安全保护的具体功能包括监测动力电池的电压、电流、温度等是否超过限制，防止动力电池过度放电，尤其是防止单体电池过度放电，防止动力电池过热而发生热失控，防止动力电池出现能量回馈时的过充电；在电源系统出现绝缘性能下降时对整车多能源控制系统进行报警或强行切断电源，以及在电源系统出现短路的情况下提供保护等。动力电池安全保护常以动力电池状态监测和动力电池状态分析为前提。"过电流保护""过充电、过放电保护""过温保护"是最常见的动力电池安全保护的内容。

4. 动力电池能量管理

动力电池能量管理包括动力电池充电控制管理、动力电池放电控制管理和动力电池均衡控制管理。动力电池充电控制管理是指动力电池管理系统在充电过程中对充电电压、充电电流等参数进行实时优化控制，优化的目标包括充电时长、充电效率及充电的饱满程度等。动力电池放电控制管理是指在放电过程中根据动力电池的状态对放电电流进行控制。动力电池均衡控制管理是指采取一定的措施尽可能降低动力电池不一致性的负面影响，以达到优化动力电池组整体放电效能、延长动力电池组整体寿命的目的。受生产制造和工作环境的影响，单体电池之间在电压、容量和内阻上会有差别，导致它们在实际使用过程中有效容量和充放电电量不一样，因此，为保证动力电池的整体性能和延长其使用寿命，减少单体电池之间的差异性，对动力电池进行均衡控制是十分必要的。

5. 动力电池信息管理

与动力设备通信是动力电池管理系统的重要功能之一。动力电池信息管理是指通过仪表把动力电池状态信息显示出来，告知驾驶员或汽车维修人员实时总电压、总电流、温度信息、动力电池剩余电量、告警信息等。为了使驾驶员获得更为直观的感受，通常把剩余行驶里程的估算值显示在仪表上。

四、动力电池管理系统的工作原理

BMS 的工作原理可简单归纳为：数据采集电路采集动力电池状态信息数据后，由电子控制单元进行数据处理和分析,然后根据分析结果对系统内的相关功能模块发出控制指令,并向外界传递信息。

1. 充电原理

1)预充电

充电初期,车载充电机接收到充电枪插入信号后唤醒整车控制器及 BMS,BMS 进行自检和初始化,完成后上报给整车控制器。整车控制器控制主负继电器闭合,BMS 控制预充继电器闭合,对各单体电池进行预充电,确定单体电池无短路后,预充电完成。充电初期预充电流程如图 4-4 所示。

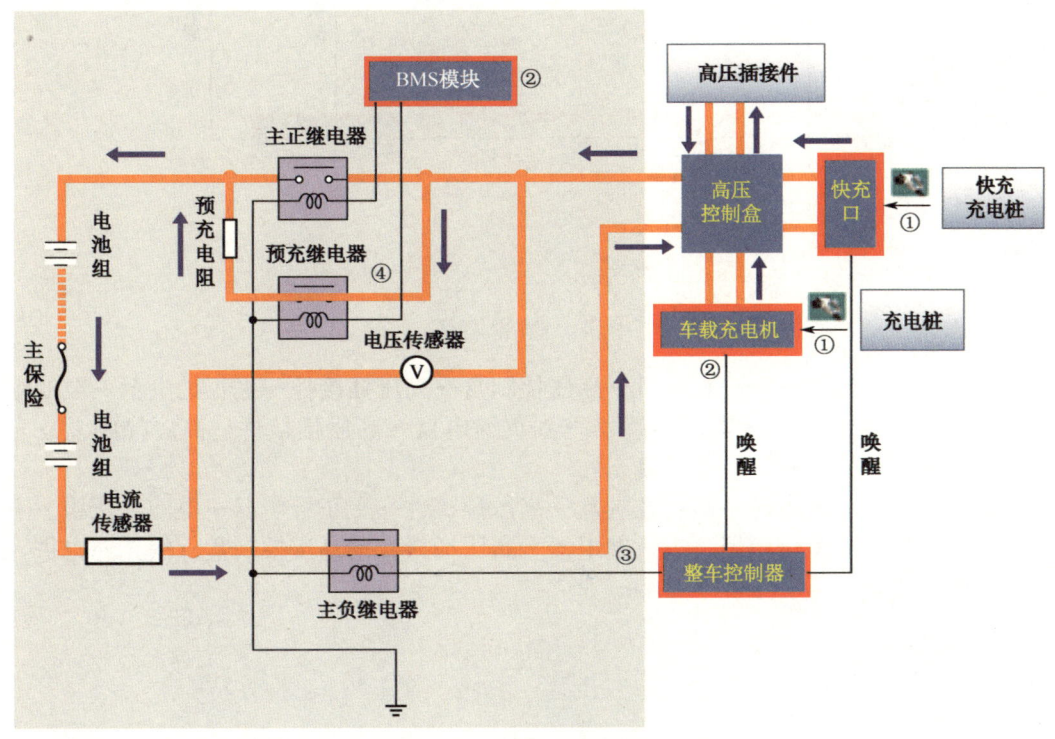

图 4-4 充电初期预充电流程

慢充流程:充电桩→车载充电机→高压控制盒→高压插接件→预充继电器→预充电阻→电池组正极→主保险→电池组负极→电流传感器→主负继电器→高压插接件→高压控制盒→车载充电机→充电桩,构成回路,进行预充。

快充流程:快充充电桩→高压控制盒→高压插接件→预充继电器→预充电阻→电池组正极→主保险→电池组负极→电流传感器→主负继电器→高压插接件→高压控制盒→快充桩,构成回路,进行预充。

2)充电

预充电完成后,BMS 闭合主正继电器,随后断开预充继电器,主电路接通,动力电池开始充电。充电流程如图 4-5 所示。

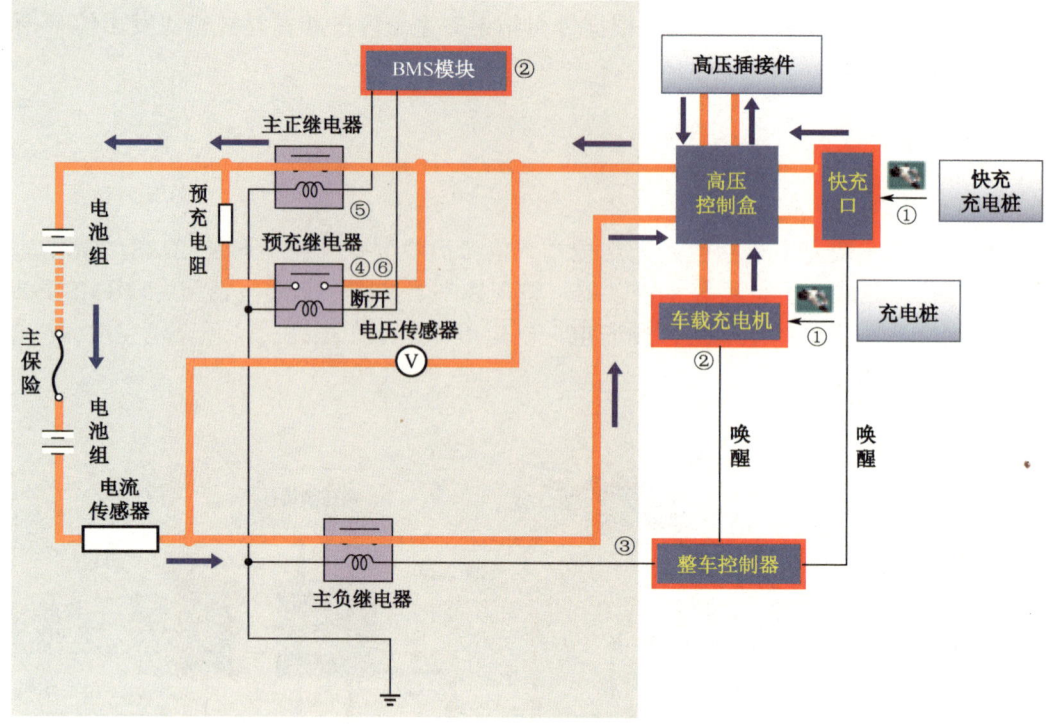

图 4-5 充电流程

慢充流程：充电桩→车载充电机→高压控制盒→高压插接件→主正继电器→电池组正极→主保险→电池组负极→电流传感器→主负继电器→高压插接件→高压控制盒→车载充电机→充电桩，构成回路，进行慢充。

快充流程：快充充电桩→高压控制盒→高压插接件→主正继电器→电池组正极→主保险→电池组负极→电流传感器→主负继电器→高压插接件→高压控制盒→快充充电桩，构成回路，进行快充。

2. 放电原理

1) 放电初期

打开点火开关至 ON 挡，整车控制器唤醒 BMS，BMS 进行自检和初始化，完成后上报给整车控制器。整车控制器发出高压供电指令，BMS 开始按顺序控制继电器的闭合和断开。

因电路中电机控制器和空调压缩机控制器等含有电容，在放电初期，BMS 控制预充继电器闭合，给各控制器电容采用低压、小电流进行放电，当电容两端电压接近动力电池总电压时，断开预充继电器。

放电初期预充流程如图 4-6 所示。

放电初期预充流程：电池组负极→主保险→电池组正极→预充电阻→预充继电器→高压插接件→高压控制盒→主负继电器→电流传感器→动力电池负极，构成回路，完成预充。

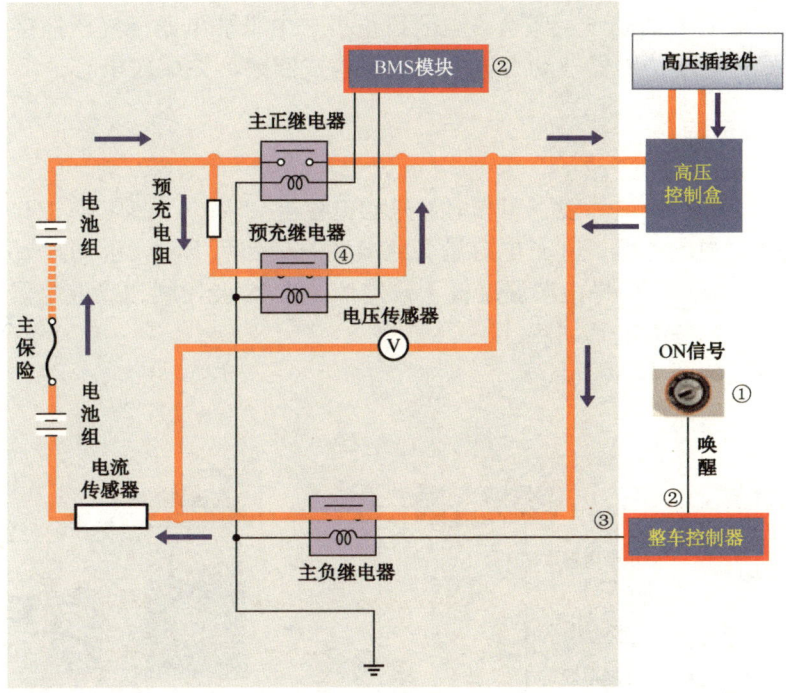

图 4-6 放电初期预充流程

2）放电

BMS 闭合主正继电器，断开预充继电器，主电路接通，动力电池开始放电。放电流程如图 4-7 所示。

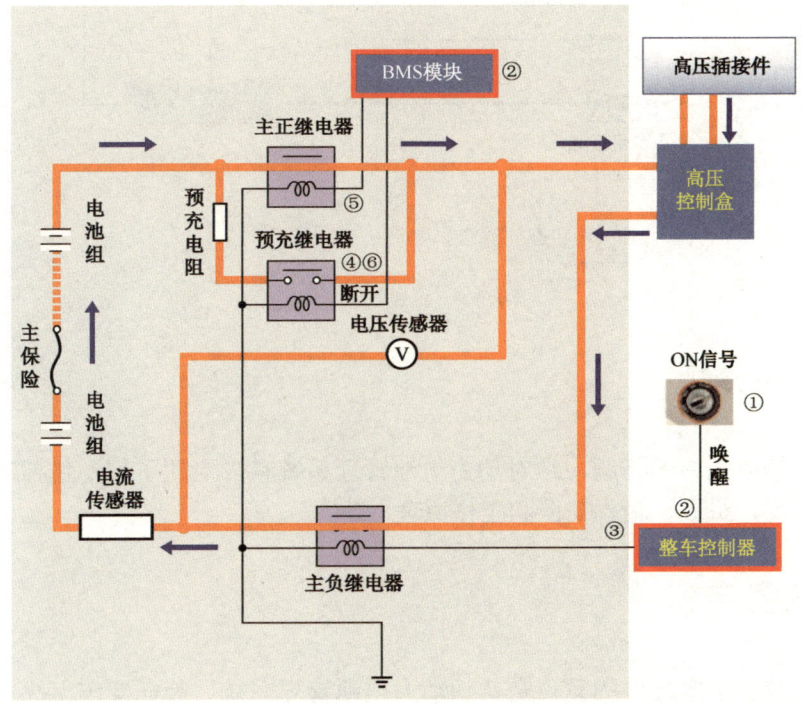

图 4-7 放电流程

放电流程：电池组负极→主保险→电池组正极→主正继电器→高压插接件→高压控制盒→主负继电器→电流传感器→动力电池负极，构成回路，完成放电。

3. 充电加热原理

当动力电池在冬季低温环境下工作时，充放电容量会降低。北汽 EV160 纯电动汽车采用的是磷酸铁锂动力电池组，其充电容量会随温度的降低而下降，因而设置了动力电池加热系统，当车辆充电时，如果电芯温度低于设定值，BMS 会控制加热继电器闭合，利用动力电池内部的加热元件给电芯加热。

充电加热流程如图 4-8 所示。

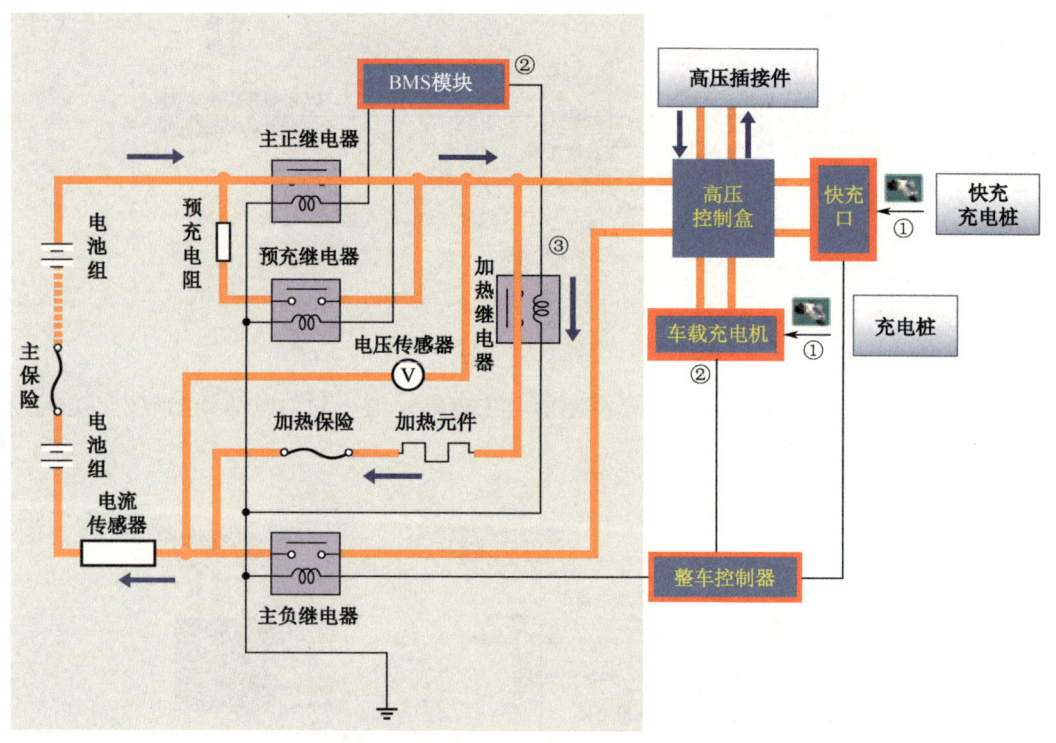

图 4-8　充电加热流程

任务分析

要解决任务引入中的问题，须对动力电池管理系统有一定的了解，包括动力电池管理系统的安装位置、组成、基本功能和工作原理。

任务实施

根据任务分析，本任务的重点是认识动力电池管理系统，能在实车上找出动力电池管理系统。

项目 4　动力电池管理系统的认识与检测

认识动力电池管理系统　实训任务单

姓名		班别		学号	
实训车型	北汽 EV160/200	需要的检测设备	三件套、车轮挡块等		
实训目标	1．能在实车上找出动力电池管理系统，明确其安装位置，并完成动力电池管理系统的更换 2．养成安全生产的习惯 3．组员间合作学习，培养团结协作精神				

一、根据实训内容，填写组员分工表

组员分工表

姓名	任务分工（完成步骤）

二、实训操作

实训活动	操作内容		备注
1．前期准备	准备工具，给车辆垫好三角木，安装三件套等		
2．认识动力电池管理系统主要部件	在车上找到动力电池管理系统主要部件，并填写安装位置		
	部件名称	安装位置	
	BMS		
	主控盒		
	从控盒		
	高压控制盒		
	传感器		

3. 动力电池管理系统的更换	1）拆卸故障 BMS 连接线束 （1）将故障 BMS 端口处插件拔出  （2）将线束固定 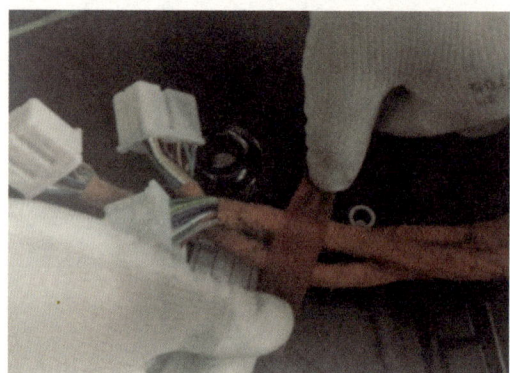 2）更换 BMS （1）拆卸螺栓 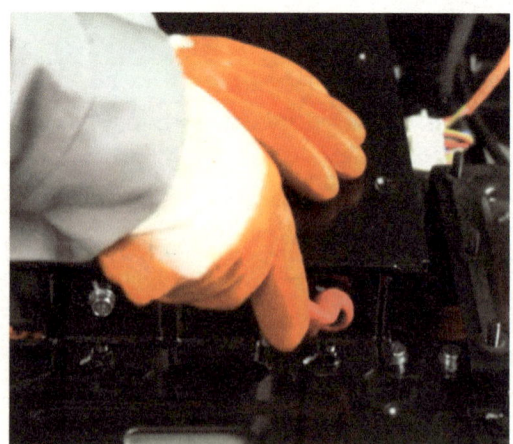

续表

3. 动力电池管理系统的更换	（2）拆下 BMS  （3）安装 BMS  （4）紧固螺栓 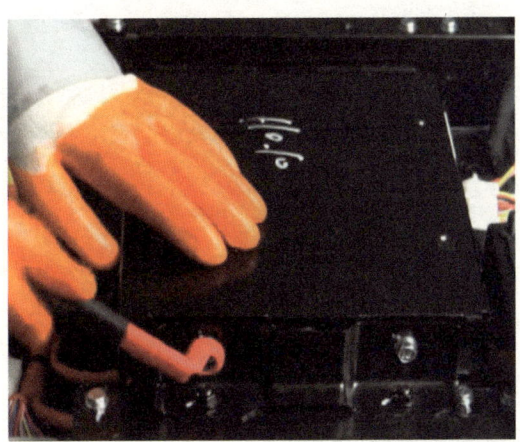

续表

3. 动力电池管理系统的更换	3）连接 BMS 线束 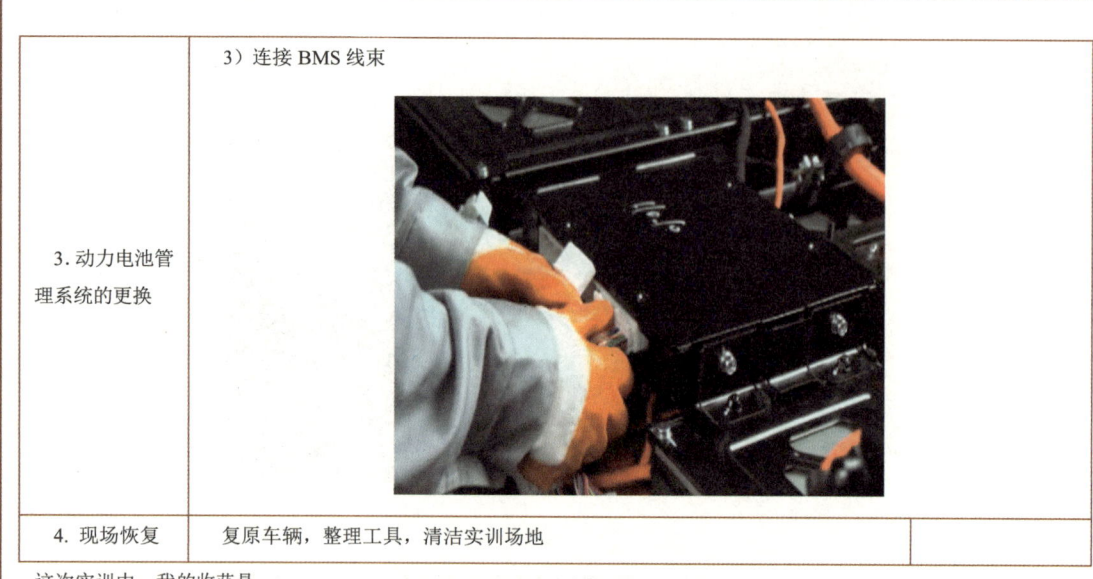	
4. 现场恢复	复原车辆，整理工具，清洁实训场地	

这次实训中，我的收获是：

 任务评价

任务评价见表 4-2。

表 4-2　任务评价

考核项目		评分标准	学生自评（20%）	小组互评（40%）	教师评价（40%）	小计
知识目标（30分）	纯电动汽车动力电池管理系统的定义（10分）	能完整叙述				
	纯电动汽车动力电池管理系统的基本功能（10分）	能完整叙述				
	纯电动汽车动力电池管理系统的工作原理（10分）	能完整叙述				
技能目标（50分）	纯电动汽车动力电池管理系统的主要部件（20分）	会查找				
	纯电动汽车动力电池管理系统的更换（30分）	会操作				
素质目标（20分）	安全、规范操作（5分）	做到做好				
	操作步骤、流程正确完整（5分）	正确熟练				
	团队合作（5分）	是否和谐				
	现场 7S（5分）	是否做到				
总评						

项目 4　动力电池管理系统的认识与检测

 任务小结

（1）本任务的学习目标是：

（2）我的任务目标达成情况是：

（3）我今后的努力方向或改进方法：

任务 4.2　动力电池状态监测

 思政目标

本任务通过学习动力电池状态监测的原理以及动力电池状态相关数据流的读取，培养学生系统分析、细心谨慎的工匠精神，鼓励学生成为大国工匠。

 任务目标

知识目标	1. 了解动力电池电压采集的方式 2. 了解动力电池温度采集的方式 3. 了解动力电池电流采集的方式
技能目标	1. 会用解码仪读取与动力电池状态相关的数据流 2. 能对动力电池状态相关数据流进行分析

新能源汽车动力电池管理及维护技术

任务引入

动力电池状态监测通常被视为动力电池管理系统的基本功能,是其他功能的前提和基础。它采集动力电池的电压、温度、电流等参数,为电量管理、均衡管理、热管理、故障诊断等提供参数。

参考后面的内容,完成下列填空题。
(1)单体电池电压采集方法有_____、_____、_____、压/频转换电路采集法、线性光耦合放大电路采集法。
(2)温度采集方法有_____、_____、_____。
(3)电流采集方法有_____、_____、_____、_____。

一、单体电池电压采集

单体电池电压采集是动力电池管理系统中的重要一环,其性能决定了动力电池状态信息的精确程度,并进一步影响后续的控制策略实施。常用的单体电池电压采集方法如下。

1. 继电器阵列法

如图 4-9 所示为基于继电器阵列法的单体电池电压采集电路原理图,由继电器阵列、A/D 转换、单片机等组成。如果需要测量 n 块串联成组单体电池的端电压,就需要将 $n+1$ 根导线引入单体电池组各节点中。当测量第 m 块单体电池的端电压时,单片机发出相应的控制信号,通过多路模拟开关、驱动电路选通相应的继电器,将第 m 和 $m+1$ 根导线引入 A/D 转换。通常开关器件的电阻较小,引起的误差可忽略不计,只有分压电阻、模块转换芯片及电压基准的精度能够影响最终结果的精度。所以,在所需测量的单体电池电压较高且对精度要求也高的场合适合使用继电器阵列法。

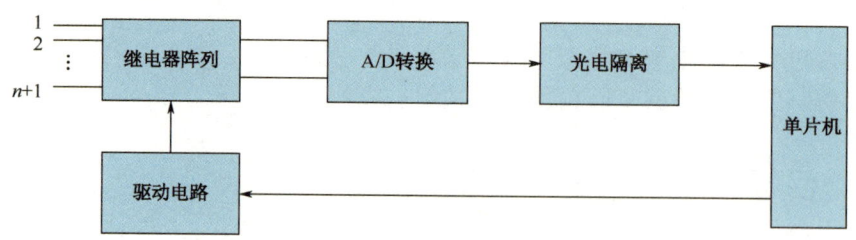

图 4-9 基于继电器阵列法的单体电池电压采集电路原理图

2. 恒流源法

恒流源电路进行单体电池电压采集的基本原理是,在不使用转换电阻的前提下,将单体电池端电压转化为与之呈线性变化关系的电流信号,以此提高系统的抗干扰能力。在串联单体电池组中,由于单体电池端电压就是单体电池组相邻节点间的电压差,故要求恒流源电路具有良好的共模抑制能力,一般在设计过程中多选用集成运算放大器来达到目的。由于设计思路和应用场合的不同,恒流源电路有不同的形式。图 4-10 为运算放大器和场效应管构成的减法运算恒流源电路。由运放的结构可知,该电路是具有高开环放大倍数,并带有深度负反馈结构的多级直接耦合放大电路,结构简单,共模抑制能力强,采集精度高,具有很好的实用性。

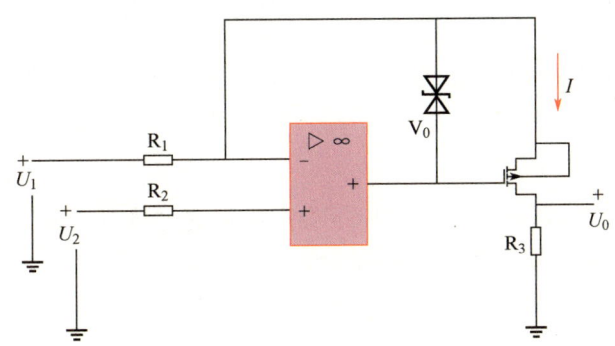

图 4-10　运算放大器和场效应管构成的减法运算恒流源电路

3. 隔离运放采集法

隔离运算放大器是一种能够对模拟信号进行电气隔离的电子元件,广泛用作工业过程控制中的隔离器和各种电源设备中的隔离介质。它一般由输入和输出两部分组成,二者单独供电,并以隔离层划分,信号从输入部分调制处理后经过隔离层,再由输出部分解调复现。隔离运算放大器非常适合用于单体电池电压采集,它能将输入的单体电池端电压信号与电路隔离,从而避免了外部干扰,可以提高单体电池电压采集的精度,可靠性强。虽然该电路性能优越,但是成本高。

4. 压/频转换电路采集法

利用压/频转换电路实现单体电池电压采集功能时,压/频转换器是关键元件,它是把电压信号转化为频率信号的元件,具有良好的精度、线性度和积分输入等特点。该采集方法不需要 A/D 转换,压控振荡器中含有电容器,而电容器的相对误差一般比较大,而且电容量越大,相对误差就越大。

5. 线性光耦合放大电路采集法

线性光耦合放大电路不仅具有很强的隔离能力和抗干扰能力,还能使模拟信号在传输过程中保持较好的线性度。该电路较复杂,精度影响因素较多。

二、温度采集

温度对动力电池性能的影响是不可忽略的,比如动力电池在低温环境下性能会出现明显的衰减,不利于能量的输出,而动力电池温度过高则有可能引发热失控,形成安全隐患。因此,准确采集温度参数显得尤为重要。采集温度的关键在于如何选择合适的温度传感器。

目前，被用作温度传感器的元件有很多，如热电偶、热敏电阻、热敏晶体管、集成温度传感器等。

1. 热敏电阻采集法

热敏电阻采集法的原理是利用热敏电阻阻值随温度变化而变化的特性，用一个定值电阻和热敏电阻串联起来构成一个分压器，从而把温度的高低转化为电压信号，再通过模数转换得到温度的数字信息。虽然热敏电阻成本低，但是线性度不好，而且制造误差通常比较大。

2. 热电偶采集法

热电偶的原理是双金属体在不同温度下会产生不同的热电动势，通过采集这个电动势的值就可以通过查表得到温度值。由于热电动势的值仅和材料有关，所以热电偶的准确度很高。但是，由于热电动势都是毫伏等级的信号，所以需要放大，外部电路比较复杂。

3. 集成温度传感器采集法

由于温度测量在生产、生活中应用越来越广泛，所以半导体生产商们推出了许多集成温度传感器。这些温度传感器虽然很多都是基于热敏电阻的，但在生产过程中都进行了校正，所以精度可以媲美热电偶，而且直接输出数字量，很适合在数字系统中使用。

三、电流采集

动力电池充放电电流对动力电池管理系统具有重要意义，可用于电量管理和功率估算，防止过充及过放电，是动力电池工作过程中最重要的参数，因此需要对电流信号进行测量和实时监控。常用的电流采集元件有分流器、互感器、霍尔元件电流传感器和光纤传感器等，各种元件的特点见表4-3。

表4-3 不同电流采集元件的特点

项 目	分流器	互感器	霍尔元件电流传感器	光纤传感器
插入损耗	有	无	无	无
布置形式	须插入主电路	开孔、导线传入	开孔、导线传入	—
测量对象	直流、交流、脉冲	交流	直流、交流、脉冲	直流、交流
电气隔离	无隔离	隔离	隔离	隔离
使用方便性	小信号放大，须隔离处理	使用较简单	使用简单	—
适用场合	小电流、控制测量	交流测量、电网监控	控制测量	高压测量、电力系统常用
价 格	较低	低	较高	高
普及程度	普及	普及	较普及	未普及

任务分析

要解决任务引入中的问题，须对动力电池状态监测有一定的了解。

项目 4　动力电池管理系统的认识与检测

根据任务分析，本任务的重点是了解动力电池状态监测，能在实车上通过解码仪读取与动力电池状态相关的数据流并对相关数据进行分析。

动力电池状态监测　实训任务单

姓名		班别		学号	
实训车型	北汽 EV160/200	需要的检测设备		三件套、车轮挡块等	
实训目标	1．会用解码仪读取动力电池状态相关数据流 2．能对动力电池状态相关数据流进行分析 3．养成安全生产的习惯 3．组员间合作学习，培养团结协作精神				

一、根据实训内容，填写组员分工表

组员分工表

姓名	任务分工（完成步骤）

二、实训操作

实训活动	操作内容	备注
1．前期准备	准备工具，给车辆垫好三角木，安装三件套等	

119

续表

	数据名称	数值	单位	
2. 用解码仪读取动力电池状态相关数据流				
3. 现场恢复	复原车辆，整理工具，清洁实训场地			

这次实训中，我的收获是：

 任务评价

任务评价见表 4-4。

表 4-4 任务评价

考核项目		评分标准	学生自评（20%）	小组互评（40%）	教师评价（40%）	小计
知识目标（30 分）	动力电池电压采集的方式（10 分）	能完整叙述				
	动力电池温度采集的方式（10 分）	能完整叙述				
	动力电池电流采集的方式（10 分）	能完整叙述				
技能目标（50 分）	会用解码仪读取动力电池状态相关数据流（25 分）	会读取				
	会对动力电池状态相关数据流进行分析（25 分）	会分析				
素质目标（20 分）	安全、规范操作（5 分）	做到做好				
	操作步骤、流程正确完整（5 分）	正确熟练				
	团队合作（5 分）	是否和谐				
	现场 7S（5 分）	是否做到				
总评						

项目 4　动力电池管理系统的认识与检测

 任务小结

（1）本任务的学习目标是：

（2）我的任务目标达成情况是：

（3）我今后的努力方向或改进方法：

 任务 4.3　动力电池能量管理

 思政目标

本任务通过学习动力电池能量管理的原理以及动力电池能量管理相关数据流的读取，培养学生善于思考、系统分析、细心谨慎的工匠精神，鼓励学生成为大国工匠。

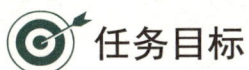 任务目标

知识目标	1. 了解动力电池均衡控制管理的意义 2. 了解动力电池均衡控制管理的分类
技能目标	1. 会用解码仪读取动力电池能量管理相关数据流 2. 能对动力电池能量管理相关数据流进行分析

 任务引入

能量管理常被归入动力电池"优化管理"的范畴，它不属于动力电池管理系统必备的基本功能，以往有许多动力电池管理系统并不参与充电、放电管理，也不具备均衡控制管理的功能。但能量管理对于动力电池的整体性能有着重要的意义，甚至可以说，能量管理

121

水平体现了一个动力电池管理系统的水平。在各种能量管理功能中，动力电池的均衡控制管理最具挑战性。

知识准备

参考后面的内容，完成下列填空题。

（1）动力电池均衡控制管理的目的是在充电、放电或搁置过程中，通过外加电路对动力电池_____调节，使应用过程中动力电池的_____达到较好的一致性，提高车辆续航里程和动力电池的使用寿命。

（2）单体电池的性能差异导致的动力电池性能降低的现象称为_____。

（3）按照均衡的作用过程，均衡控制管理可以分为_____、_____、_____三种类型。

（4）按是否对电池所带的电荷进行保护，均衡控制管理可以分为_____、_____两种类型。

（5）未来高性能均衡方案的主流是_____、_____。

一、均衡控制管理及其意义

动力电池是由多个单体电池串联组成的，以满足所需电压和功率要求。在实际使用中，由于单体电池之间的差异，动力电池的容量只能达到最小的电池容量。在串联动力电池组中，虽然通过单体电池的电流相同，但是由于其容量不同，放电深度也会不同，容量大的总会欠充欠放，而容量小的总会过充过放，这就造成容量大的衰减缓慢、寿命长，容量小的衰减加快、寿命短，两者之间的差异会越来越大，最终小容量电池失效，导致动力电池提前失效。均衡控制管理的基本目的是在充电、放电或搁置过程中，通过外加电路对动力电池充放电电流进行调节，使应用过程中动力电池的电压达到较好的一致性，提高车辆的续航里程和动力电池的使用寿命。在单体电池的均衡控制中，均衡器是核心部件。目前国内外对车用动力电池的均衡，尤其是锂离子电池的均衡，进行了详细的研究，并有多种产品出现，基本原理就是根据单体电池的电压进行调控。

1. 均衡控制管理的基本模型

如图4-11所示为动力电池的容量与剩余电量模型。

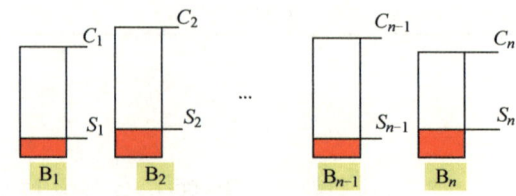

图4-11 动力电池的容量与剩余电量模型

从模型中可以看出，在某个时刻，每个单体电池容量及剩余电量有可能不一致，因此有必要进行均衡控制管理。动力电池的不一致性是必然的,其原因主要在于以下两方面。

1)生产制造过程导致的不一致

这主要指动力电池不一致的"先天部分"。作为化工产品,受材料、工艺等因素的制约,动力电池出厂时存在一定的不一致性。

2)工作环境导致的不一致

动力电池的性能受工作环境的影响较大,影响动力电池性能的因素包括温度、振动等多方面,其中温度是影响动力电池不一致性的重要因素。

2. 均衡控制管理的意义

利用电子技术,使单体电池电压偏差保持在预期的范围内,从而保证每个单体电池在正常使用时不发生损坏。若不进行均衡控制管理,随着充放电循环的增加,各单体电池电压逐渐分化,使用寿命将大大缩减。采用了均衡控制管理的动力电池的整体性能将得到一定程度的改善。

1)均衡控制管理有助于提升动力电池的整体容量

如果不对动力电池进行均衡控制管理,动力电池管理系统的保护机制会在动力电池中的某个单体电池充满电的时候就对整个动力电池停止充电,同样会在剩余电量最小的单体电池放完电的时候就对整个动力电池停止放电,这样就会造成整个动力电池的容量不能有效发挥。

2)均衡控制管理有助于控制动力电池的充放电深度

如果把动力电池从完全放空到完全充满的整个过程中 SOC 的变化记为 0~100%,则在实际应用中,最好让每个单体电池都工作在 5%~95%的区间。因为荷电状态大于 95%时,单体电池容易形成过充,同时容易发生一些不可逆转的化学反应,从而影响动力电池的寿命;类似地,荷电状态小于 5%时,单体电池容易形成过放电,同时也容易发生一些不可逆转的化学反应,从而影响动力电池的寿命。

二、均衡控制管理的分类

均衡控制管理的方法多种多样,而且新方法层出不穷,对这些均衡控制管理的方法进行分类是比较困难的,因为采用不同的分类标准将导致不同的分类结果。这里采用表格的形式对常见的一些分类标准及主要类型进行归纳,见表 4-5。

表 4-5 均衡控制管理的分类标准及主要类型

序 号	分 类 标 准	主 要 类 型
1	按均衡电路的拓扑结构分	集中式均衡、分布式均衡
2	按均衡的作用过程分	放电均衡、充电均衡、双向均衡
3	按是否对动力电池所带的电荷进行保护分	耗散型均衡、非耗散型均衡
4	按均衡控制的触发时机分	主动均衡、被动均衡

应该指出的是,均衡方法的分类没有绝对的标准,按不同分类标准划分的各个方法之间也没有明显的界限。各个方法之间也没有绝对的优胜者,应该根据实际需求及成本预算等多方面的因素选择最合适的方案,非耗散型均衡、双向均衡等是未来高性能均衡方案的

主流。

1. 集中式均衡与分布式均衡

集中式均衡是指整个动力电池采用一个均衡器，通过逆变分压等技术对动力电池能量进行分配，以实现单体电池与动力电池之间的能量传递均衡。在分布式均衡中，均衡模块由单体电池专用。如图 4-12 所示为典型的集中式均衡拓扑结构。

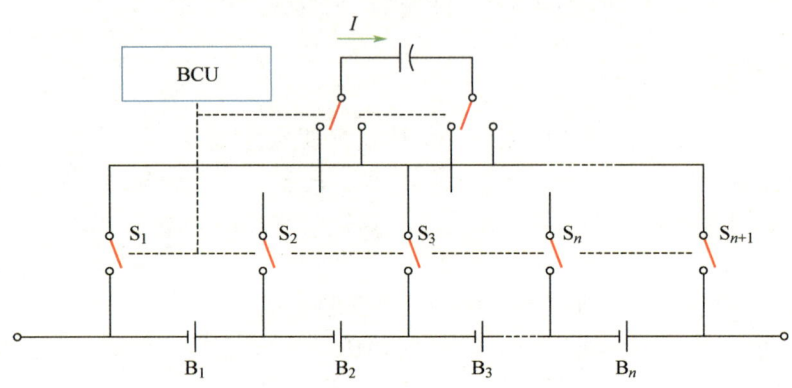

图 4-12　典型的集中式均衡拓扑结构

如图 4-13 所示为典型的分布式均衡拓扑结构，给每个单体电池并联一个旁路电阻，并利用一个开关控制均衡操作。

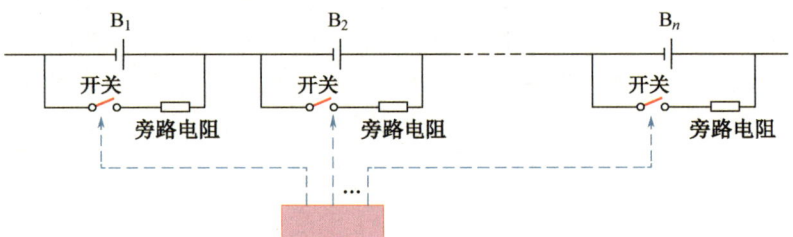

图 4-13　典型的分布式均衡拓扑结构

2. 放电均衡、充电均衡与双向均衡

放电均衡是指在放电过程中实现各个单体电池间的均衡，以保证放电过程中能够将动力电池中每个单体电池的剩余容量放至 0，而不会出现有的单体电池已放电完全，有的单体电池尚有电量的情况。放电完全之后，用恒定电流以串联充电的方式对动力电池进行充电，直到动力电池中任何一个单体电池的剩余容量达到 100% 时结束充电，如图 4-14 所示。

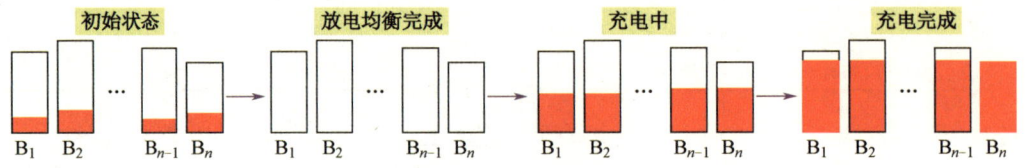

图 4-14　放电均衡

放电均衡的缺点是能量损耗过多（例如在动力电池剩余容量还比较多的情况下，进行放电均衡代价过大）；而且，放电均衡需要把动力电池剩余容量放空，从而提高了放电深度，有可能影响动力电池循环寿命。

充电均衡是指在充电过程中采用上对齐均衡充电方式实现各个单体电池间的均衡，以保证充电过程中能够将动力电池中每个单体电池的容量都充至100%，如图4-15所示。

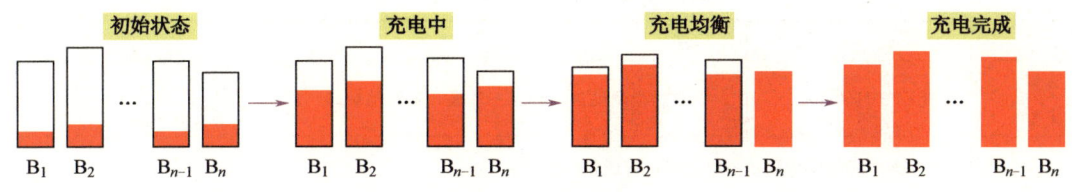

图 4-15　充电均衡

充电均衡可以保证每一个单体电池的实际容量在充电过程中都发挥出功效。但是，充电均衡对放电过程没有做任何控制，整个动力电池的放电容量取决于容量最小的单体电池。与放电均衡相反，充电均衡对于动力电池处于任何荷电状态下都适用。

双向均衡综合了放电均衡和充电均衡两者的优点，在充电和放电过程中都使用均衡控制，既能保证每一个单体电池都能放电到SOC为0，又能保证每一个单体电池都充电到SOC为100%。

3. 耗散型均衡与非耗散型均衡

耗散型均衡是指利用并联电阻的方式将动力电池中荷电较多的单体电池的能量消耗掉，直到与组内其他单体电池达到均衡。该方法的实现过程为：定时检测各个单体电池的电压，当某些单体电池的电压超过动力电池平均电压时，接通这些高能单体电池的并联电阻，使它们的一部分能量消耗在并联电阻上，直到它们的电压等于动力电池平均电压。耗散型均衡控制逻辑简单，硬件上容易实现，成本较低，是早期均衡控制最常用的方案。电阻耗能的同时会发热，对于纯电动汽车而言，存在通风不好导致过热的安全隐患。

非耗散型均衡（也称无损均衡）是指利用中间储能元件和一系列开关元件将动力电池中荷电较高的单体电池的能量转移到荷电较低的单体电池中，以达到均衡目的。其用到的中间储能元件一般有电容和电感两种，正好可以弥补耗散型均衡的缺点，但它也存在着控制逻辑电路复杂等缺点。

需要指出的是，由于器件损耗，非耗散型均衡并不能做到真正的无损。但是，在同样的初始状态下，采用非耗散型均衡的总体能耗要比耗散型均衡小，因此非耗散型均衡是未来发展的主流。

任务分析

要解决任务引入中的问题，须对动力电池能量管理有一定的了解。

 任务实施

根据任务分析,本任务的重点是了解动力电池能量管理,能在实车上通过解码仪读取动力电池能量管理相关数据流并分析。

动力电池能量管理 实训任务单

姓名		班别		学号	
实训车型	北汽 EV160/200	需要的检测设备		三件套、车轮挡块等	
实训目标	1. 会用解码仪读取动力电池能量管理相关数据流 2. 会对动力电池能量管理相关数据流进行分析 3. 养成安全生产的习惯 3. 组员间合作学习,培养团结协作精神					

一、根据实训内容,填写组员分工表

组员分工表

姓名	任务分工(完成步骤)

二、实训操作

实训活动	操作内容	备注
1. 前期准备	准备工具,给车辆垫好三角木,安装三件套等	

续表

	数据名称	数值	单位	
2. 用解码仪读取动力电池能量管理相关数据流				
3. 现场恢复	复原车辆，整理工具，清洁实训场地			

这次实训中，我的收获是：

 任务评价

任务评价见表4-6。

表4-6　任务评价

考核项目		评分标准	学生自评（20%）	小组互评（40%）	教师评价（40%）	小计
知识目标（30分）	动力电池均衡控制管理的意义（15分）	能完整叙述				
	动力电池均衡控制管理的分类（15分）	能完整叙述				
技能目标（50分）	会用解码仪读取动力电池能量管理相关数据流（25分）	会读取				
	会对动力电池能量管理相关数据流进行分析（25分）	会分析				
素质目标（20分）	安全、规范操作（5分）	做到做好				
	操作步骤、流程正确完整（5分）	正确熟练				
	团队合作（5分）	是否和谐				
	现场7S（5分）	是否做到				
	总评					

 **任务小结**

(1) 本任务的学习目标是：

(2) 我的任务目标达成情况是：

(3) 我今后的努力方向或改进方法：

任务 4.4　动力电池信息管理

本任务通过学习动力电池信息管理的原理以及分析动力电池信息管理判断新能源汽车的状态，培养学生善于思考、系统分析、细心谨慎的工匠精神，鼓励学生成为大国工匠。

任务目标

知识目标	1. 了解动力电池信息管理的内容 2. 了解动力电池信息显示 3. 了解动力电池管理系统与其他控制系统之间的信息交互 4. 了解动力电池管理系统历史信息存储与分析
技能目标	1. 能够在实车上对仪表指示进行识别 2. 能通过动力电池信息管理判断纯电动汽车的状态

 任务引入

某 4S 店的维修工小王接到一张任务工单，车主购买了一辆北汽 EV200 纯电动汽车，

项目 4 动力电池管理系统的认识与检测

主管要求小王向车主介绍汽车仪表指示的相关信息。如果你是小王，该如何介绍呢？

知识准备

参考后面的内容，完成下列填空题。

（1）动力电池信息管理包括_____、_____、_____。

（2）目前纯电动汽车用仪表系统多采用_____和_____的 CAN 总线组合仪表。

（3）纯电动汽车在行车过程中，需要为驾驶员提供的信息主要包括：_____、_____、电流信息、剩余电量信息、_____等。

一、动力电池信息显示

一直以来，动力电池信息显示都是动力电池管理系统的重要功能之一。GB/T 19836—2019《电动汽车仪表》明确规定，纯电动汽车仪表应包括动力电池荷电状态指示器、电压表、电流表、转速表、驱动电机指示仪表、动力电池充电指示仪表等。传统的车用仪表系统根本无法满足要求，所以必须针对纯电动汽车开发新型仪表系统。

目前纯电动汽车用仪表系统多采用 CAN 总线通信和液晶屏显示的 CAN 总线组合仪表，将以前的分离式仪表统一管理，在提高精度、稳定性和寿命的同时，降低制造成本。CAN 总线组合仪表属于第四代仪表。

与传统汽车组合仪表一样，纯电动汽车组合仪表显示的内容包括表头（指针）显示和报警（指示灯）显示两部分。指针显示的内容包括电机转速、车速、电压、电流、荷电状态等；指示灯显示的报警信号主要有运行准备就绪、过热、超速、剩余容量低限、绝缘电阻故障、驱动控制器就绪、能量回馈故障、停车指示、充电指示、互锁指示、系统故障、动力电池故障等。

面对如此多的信号，如果和传统汽车仪表系统一样，通过导线来进行信号的传输，会导致整个系统的线束相当复杂，将 CAN 总线技术应用到纯电动汽车仪表系统中，能很好地解决仪表板与检测单元、控制单元之间的数据传输问题。如图 4-16 所示为 CAN 总线组合仪表系统结构示意图，将电子控制单元和智能仪表设计成 CAN 网络上的智能节点，仪表通过 CAN 接口接收电子控制单元发来的车速、电机转速、电量、冷却液温度、汽车挡位及其他车况信息，并进行相应分析和处理，处理的结果由液晶显示屏进行显示，同时嵌入式系统通过触摸屏技术将驾驶员对液晶显示屏的操作处理成命令，通过 CAN 总线传递给电子控制单元。CAN 总线将各种不同的数据处理模块有效地连接在一起，实现了数据的无障碍传输，减少了布线，有效地节约了空间，极大地提高了可靠性，扩展了功能，易于形成模块化，方便了仪表板的维护。

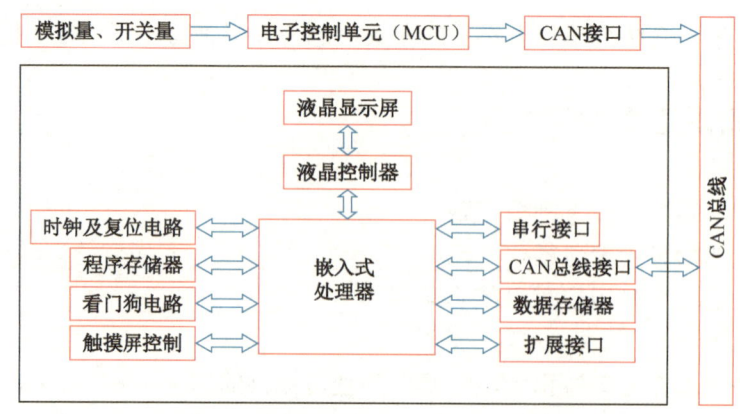

图 4-16　CAN 总线组合仪表系统结构示意图

液晶显示屏是平板显示器的一种，它具有轻巧、功耗低、显示内容丰富、色彩艳丽等特点，在袖珍式仪表和低功耗应用系统中得到了广泛使用。如图 4-17 所示为液晶仪表。

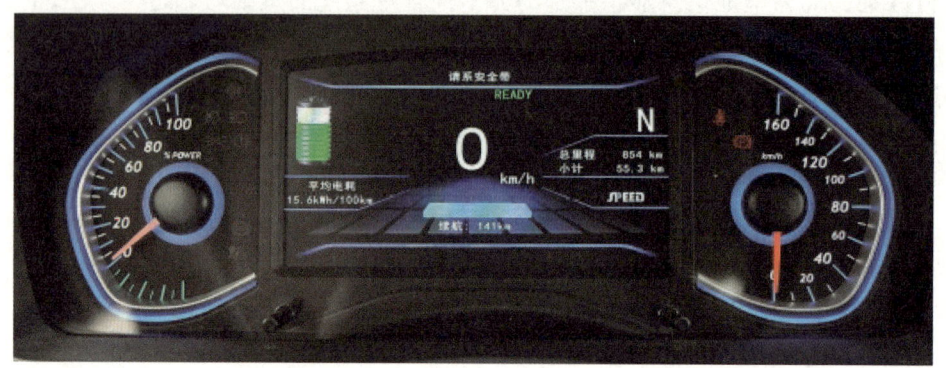

图 4-17　液晶仪表

此外，有些仪表可以有效地向驾驶员传递与充电相关的信息，包括：动力电池最高温度值和最低温度值、单体电池最高电压值、单体电池最低电压值、充电电流、充电模式及预计充电完成时间等。

二、动力电池管理系统与其他控制系统之间的信息交互

1. 系统内与系统外的信息交互

这里，"系统"是指动力电池管理系统。在讨论如何进行信息交互前，首先要明确信息交互的主体及信息交互的内容，即需要明确动力电池管理系统需要"和谁"交互"什么信息"。以下分两方面进行讨论。

1）系统内的信息交互

系统内的信息交互主要指的是 BCU 与 BMC 之间的信息传递。一方面，BMC 需要把采集到的每个单体电池的信息传递给 BCU；另一方面，BCU 需要向 BMC 传递控制信息（例如是否对某个单体电池进行均衡控制等）。系统内的信息交互具有以下特点。

项目 4 动力电池管理系统的认识与检测

第一，通信的信息总量与频率较为固定，可预知。例如，BCU 定期向 BMC 发送轮询信息，BMC 负责把采集到的动力电池的电压、温度信息向 BCU 进行汇报，都属于常规通信，突发性通信较少。

第二，对可靠性的要求较高。如果在信息传递过程中出现错误，可能造成较为严重的事故。例如，某个单体电池处于正常状态，但 BMC 向 BCU 所发送的信息产生了通信错误，BCU 误认为某个单体电池存在安全问题，从而向驾驶员告警，通过整车控制器使纯电动汽车慢驶并最终停下来。又如，在不需要进行均衡控制的情况下，BCU 向 BMC 发送的信息有错误，对动力电池进行了不必要的均衡操作，可能导致某个单体电池的能量最终被耗完。

2）系统外的信息交互

动力电池管理系统作为纯电动汽车的一个重要部件，需要通过车载通信网络与车上的其他控制单元进行信息交互。根据硬件设计及软件控制策略的不同，系统外的信息交互对象可能存在较大的差异，一些常见的对象有整车控制器、电机控制器、汽车仪表板、充电机等。表 4-7 列出了动力电池管理系统与其他控制单元之间进行信息交互的内容及信息流向。

表 4-7 动力电池管理系统与其他控制单元之间进行信息交互的内容及信息流向

信息交互的内容	信息流向
动力电池整体状态信息（总电压、总电流）	BMS→整车控制器
	BMS→电机控制器
	BMS→汽车仪表板
动力电池最大允许放电电流信息	BMS→整车控制器
	BMS→电机控制器
动力电池安全告警信息	BMS→整车控制器
	BMS→汽车仪表板
高压预充电信息	BMS→整车控制器
充电请求信息	BMS→整车控制器
充电允许信息	整车控制器→BMS
充电电压、电流控制信息	BMS→充电机
充电机运行信息	充电机→BMS

2. 利用 CAN 总线实现信息交互

近年来，随着现场总线技术的发展，在工业控制网络中，"总线"与"网络"这两个概念的边界变得越来越模糊，而 CAN 总线就是汽车工业中构成控制网络的成熟解决方案。CAN 通信方案是现阶段动力电池管理系统数据通信方案的主流。

1）车辆运行模式下的通信

车辆运行模式下动力电池管理系统的结构如图 4-18 所示。动力电池管理系统中央控制模块通过 CAN1 总线将实时的、必要的电池状态告知整车控制器，以及电机控制器等设备，以便采用更加合理的控制策略，既能有效地完成运行任务，又能延长电池使用寿命。同时，动力电池管理系统（中央控制模块）通过 CAN2 将电池组的详细信息告知车载监控系统，完成电池状态数据的显示和故障报警等功能，为电池维护和更换提供依据。

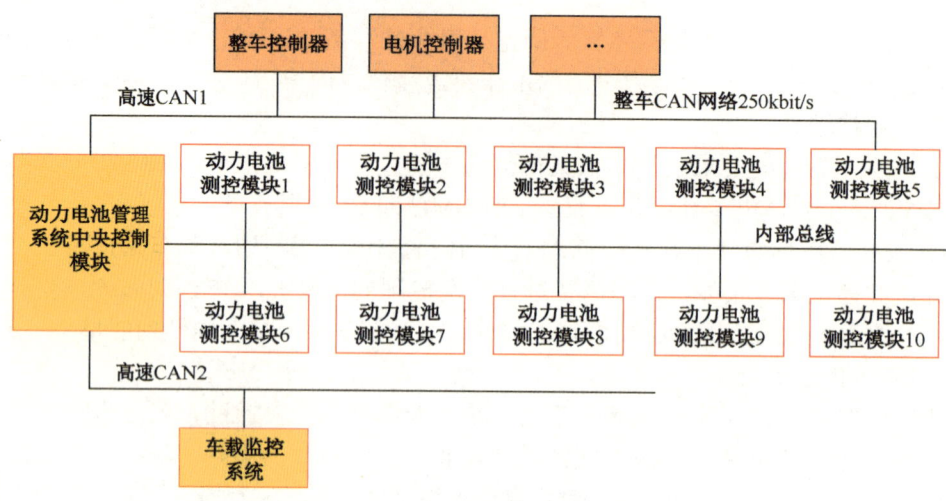

图4-18　车辆运行模式下动力电池管理系统的结构

2）应急充电模式下的通信

应急充电模式下动力电池管理系统的结构如图4-19所示。充电机实现与纯电动汽车的物理连接。此时的车载高速CAN2中加入充电机节点，其余不变。充电机通过高速CAN2了解动力电池的实时状态，调整充电策略，实现安全充电。

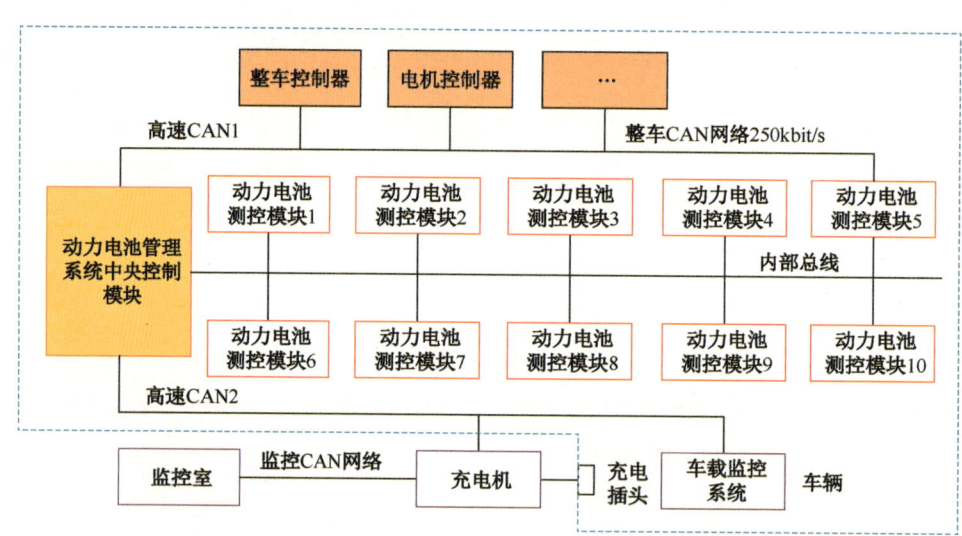

图4-19　应急充电模式下动力电池管理系统的结构

三、历史信息的存储与分析

早期的动力电池管理系统并不重视历史信息的存储。随着对这一领域研究的不断深入，历史信息的存储与分析逐渐得到了重视。

1. 历史信息存储的必要性

在动力电池管理系统中，历史信息的保存是有必要的，原因如下。

第一，在纯电动汽车研发阶段，掌握动力电池的历史信息对于纯电动汽车的调试具有重要的意义。例如，就安全性而言，通过对历史信息的分析，可以掌握动力电池工作过程中电压、温度的变化规律，分析是否存在安全隐患。又如，就性能而言，通过对历史信息的分析，可以对动力电池的能量消耗情况进行测算，以便分析续航里程；同时，可以对实际行车过程中动力电池的一致性进行评估和分析。

第二，对于纯电动汽车而言，动力电池的历史信息是故障诊断及维护保养的依据。对于动力电池的检修和保养，今后将成为纯电动汽车定期维护的重要工序。应该为纯电动汽车的维修点配备相应的计算机及软件，对动力电池管理系统所保存的历史信息进行采集和分析，从而判断动力电池的健康状况并决定采用的保养措施。例如，如果个别单体电池的性能衰减得特别厉害，应该对单体电池进行更换。还可以根据历史信息判断动力电池的一致性，以决定是否对动力电池进行一次全面的诊断或者整体均衡处理。

第三，历史信息有助于进行精确的剩余电量评估。动力电池在某一时刻的剩余电量与之前相当长一段时间内的历史信息有关。保存动力电池的历史信息对于动力电池的状态评估有着重要的意义。例如，人们常常利用开路电压来估算动力电池的剩余电量，而这样做的前提是动力电池在过去几分钟内都处于不工作的状态。当遇到驾驶员刚刚拔出钥匙又重新插回去启动汽车的情况时，如果没有保存动力电池的历史信息，就会用重新启动时的开路电压作为剩余电量估算的初始值，由于此时动力电池电压可能仍然处于回弹状态，所以利用此时的电压估算剩余电量的误差较大。

第四，历史信息可作为动力电池均衡管理的依据。动力电池在出厂以后，其性能和容量都会存在一定程度的衰减。与其他电池使用环境相比，动力电池的使用环境更加复杂，因此在动力电池使用一段时间以后，每个单体电池的衰减程度可能并不完全一致。通过对动力电池历史信息的分析，可以计算出当前时刻每个单体电池的实际容量，从而为均衡控制提供依据。

2. 历史信息存储的实现

历史信息的存储通常可以按照图 4-20 所示的方法进行。BMC 把采集到的每个单体电池的信息传递给 BCU，然后 BCU 根据需要，经过筛选以后把数据保存起来。

在图 4-20 中，数据保存有两种方式，其中实线箭头代表第一种方式，虚线箭头代表第二种方式，两个虚线框分别代表嵌入式车载系统及 PC。

方式一适用于纯电动汽车的研发阶段，车上安装有基于 PC 架构的测试设备。此时，BCU 通过通信接口把从 BMC 采集得来的数据传递给 PC，动力电池实时数据库建立在 PC 上，以数据库文件格式存储于海量硬盘中。

方式二不依赖于车载 PC，实时数据库建立在车载电池管理上位机的 Flash 存储器中，数据以最为紧凑的方式（RAW 文件）进行保存。可在纯电动汽车行驶一段时间后，将数据库导入 PC 进行保存或分析。

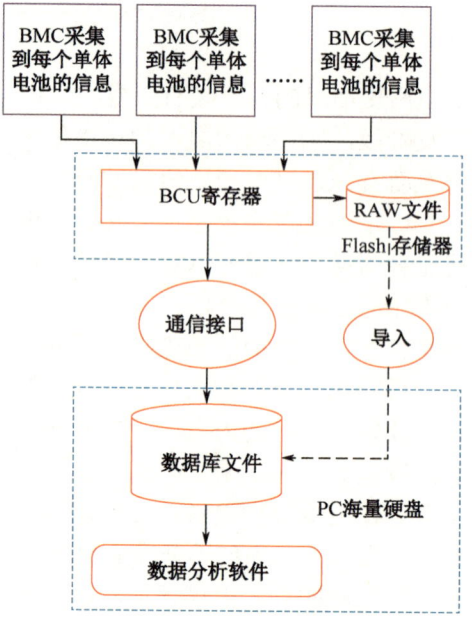

图 4-20　历史信息存储的实现方法

3. 历史信息的分析处理

前面介绍了如何实现对动力电池历史信息的保存。下面将对动力电池历史信息的分析处理进行介绍。

图 4-21 为历史信息保存及分析处理数据流图。图中，实时数据库中是通过通信接口直接从 BMC 获取的未经过加工处理、数据格式比较紧凑的原始数据，有可能在 Flash 存储器中以 RAW 文件的形式进行存储。为了方便对历史信息进行检索，在进行历史信息分析之前，需要把实时数据库的索引信息提取到信息总表中，构成历史数据库，而历史数据库保存在 PC 上，以数据库文件格式保存。

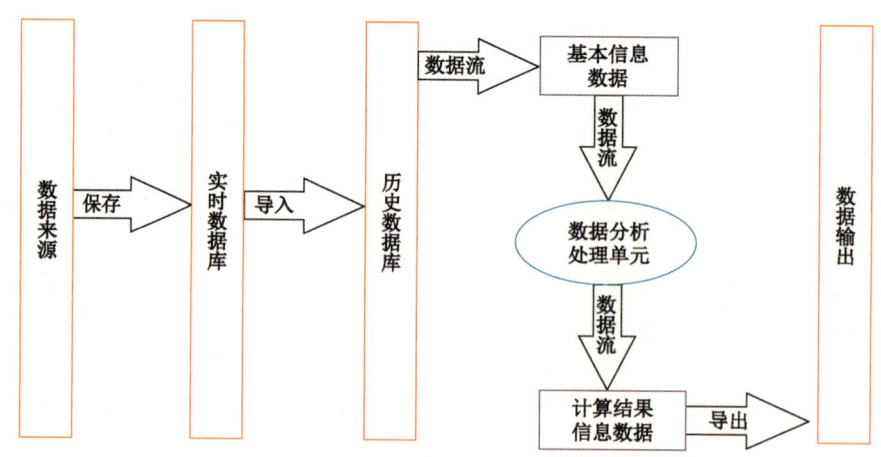

图 4-21　历史信息保存及分析处理数据流图

项目 4　动力电池管理系统的认识与检测

任务分析

要解决任务引入中的问题，须对动力电池信息管理有一定的了解，包括常见仪表指示灯的作用。

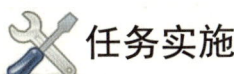任务实施

根据任务分析，本任务的重点是认识纯电动汽车仪表指示灯，能在实车上识别常见仪表指示灯。

动力电池信息管理　实训任务单

姓名		班别		学号	
实训车型	北汽 EV160/200	需要的检测设备	三件套、车轮挡块等		
实训目标	1. 能在实车上识别仪表指示灯 2. 养成安全生产的习惯 3. 组员间合作学习，培养团结协作精神				

一、根据实训内容，填写组员分工表

组员分工表

姓名	任务分工（完成步骤）

二、实训操作

实训活动	操作内容	备注
1. 前期准备	准备工具，给车辆垫好三角木，安装三件套等	

续表

	认识纯电动汽车仪表指示灯，并填写其作用	
2. 认识纯电动汽车仪表指示灯	指示灯名称	作用
3. 现场恢复	复原车辆，整理工具，清洁实训场地	

这次实训中，我的收获是：

 任务评价

任务评价见表4-8。

表4-8 任务评价

考核项目		评分标准	学生自评（20%）	小组互评（40%）	教师评价（40%）	小计
知识目标（30分）	纯电动汽车动力电池信息管理的内容（10分）	能完整叙述				
	纯电动汽车动力电池信息显示（10分）	能完整叙述				
	动力电池管理系统与其他控制系统之间的通信原理（10分）	能完整叙述				
技能目标（50分）	纯电动汽车仪表指示灯的作用（50分）	会查找				
素质目标（20分）	安全、规范操作（5分）	做到做好				
	操作步骤、流程正确完整（5分）	正确熟练				
	团队合作（5分）	是否和谐				
	现场7S（5分）	是否做到				
总评						

项目 4　动力电池管理系统的认识与检测

 **任务小结**

（1）本任务的学习目标是：

（2）我的任务目标达成情况是：

（3）我今后的努力方向或改进方法：

项目 5 常见故障诊断

项目概述

动力电池及其管理系统、充电系统是纯电动汽车的核心系统,发生故障通常会导致纯电动汽车无法正常工作。

思维导图

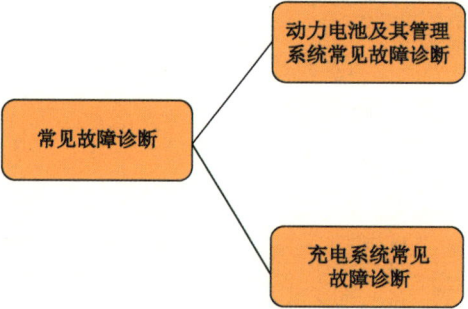

项目 5 常见故障诊断

任务 5.1 动力电池及其管理系统常见故障诊断

思政目标

本任务通过学习动力电池及管理系统常见的故障类型、原因及故障诊断方法，引导学生用事物是普遍联系的观点看待问题，培养学生勇于探索的创新精神及善于解决问题的实践能力，培养学生精益求精的专研精神。

任务目标

知识目标	1. 能够表述动力电池常见故障及解决办法 2. 能够表述动力电池管理系统常见故障类型及解决办法
技能目标	1. 能排除动力电池常见故障 2. 能排除动力电池管理系统常见故障

任务引入

小张在一家新能源汽车 4S 店工作，今天接到一辆故障车，经检测判断是动力电池故障。此时，需要你协助技术主管按照规范程序完成维修工作。

知识准备

参考后面的内容，完成下列填空题。

（1）动力电池故障可划分为三个等级：_____、_____、_____。
（2）动力电池过热报警/保护需要在_____ s 内减速，停车观察。
（3）SOC 过低报警/保护需要停车休息_____ min 后行驶，检查故障是否能自动消除。
（4）动力电池管理系统常见故障类型包括：_____、_____、_____。

一、动力电池常见故障诊断

1. 动力电池故障等级

动力电池故障根据其对整车的影响可划分为三个等级，如图 5-1 所示。

新能源汽车动力电池管理及维护技术

一级故障（非常严重）	二级故障（严重）	三级故障（轻微）
动力电池上报该故障一段时间后会造成整车出现安全事故，如爆炸、触电等，动力电池正常工作时不会上报该故障，BMS一旦上报该故障，表明动力电池处于严重故障状态。动力电池在此状态下功能已经丧失，请求其他控制器立即（1s内）停止充电或放电。如果其他控制器在指定时间内未响应，动力电池管理系统将在2s后主动停止充电或放电（即断开高压继电器）	动力电池上报该故障会造成整车进入跛行、暂时停止能量回馈、停止充电，动力电池正常工作时不会上报该故障，BMS一旦上报该故障，表明动力电池某些硬件出现故障或动力电池处于非正常工作的条件下。动力电池在此状态下功能已经丧失，请求其他控制器停止充电或者放电；其他控制器应在一定的延时时间内停止充电或放电	动力电池上报该故障对整车无影响或不同程度地造成整车进入限功率行驶状态，动力电池正常工作时可能上报该故障，BMS一旦上报该故障，表明动力电池处于极限环境温度下或单体电池一致性出现一定劣化等

图 5-1　动力电池故障的三个等级

2. 动力电池常见故障

动力电池常见故障见表 5-1。

表 5-1　动力电池常见故障

序号	故障描述	常规解决办法
1	SOC 异常，如无显示，数值明显不符合逻辑	（1）停车或者关闭点火开关后重新启动 （2）检查其他故障报警灯有无点亮，并做好现象记录 （3）联系专业售后人员进行复查，维修人员确认无误后正常使用
2	续航里程低于正常经验值	联系维修人员，检查动力电池容量是否衰减，BMS 控制是否正常
3	动力电池过热报警/保护	（1）10s 内减速，停车观察 （2）检查报警是否消除，检查是否有其他故障，并做好记录 （3）若报警或保护消除，可以继续驾驶，否则应联系售后人员 （4）运行中若连续三次以上出现停车后故障消除，须联系售后人员
4	SOC 过低报警/保护	（1）SOC 低于 30%时减速行驶，寻找最近的充电站进行充电 （2）停车休息 3～5min 后行驶，检查故障是否能自动消除 （3）若故障不能自动消除，且仍未到达充电站，应联系售后人员解决
5	电压/电流明显异常	（1）关闭点火开关，迅速下车并保持适当距离 （2）联系专业技术人员处理
6	点火开关打至 ON/START 挡后不工作	（1）检查 SOC 当前数值 （2）检查充电线缆是否按照正确方法连接 （3）若环境温度超出使用范围，应终止使用 （4）联系维修人员
7	不能充电	（1）检查 SOC 当前数值 （2）检查充电线缆是否按照正确方法连接 （3）若环境温度超出使用范围，应终止使用 （4）联系维修人员
8	运行时高压短时间丢失	检查系统屏蔽层是否有效，检查继电器是否能正常动作，检查主回路是否接触良好
9	动力电池箱磨损、破坏	联系维修人员

二、动力电池管理系统常见故障诊断

1. 动力电池管理系统常见故障类型

动力电池管理系统常见故障类型包括：CAN 系统通信故障、BMS 未正常工作、电压采集异常、温度采集异常、绝缘故障、内外总电压检测故障、预充电故障、无法充电、电流显示异常、高压互锁故障等。

2. 常见故障处理方法

1）CAN 系统通信故障

CAN 线或电源线脱落、端子退针都会导致 CAN 系统通信故障。在保证 BMS 供电正常的状态下，将万用表调至直流电压挡，红表笔触碰内部 CAN-H，黑表笔触碰内部 CAN-L，测量通信线路的输出电压，即通信线路内部 CAN-H 与 CAN-L 之间的电压，正常电压值为 1.5V 左右，若电压值异常，则可判定为 BMS 硬件故障，须更换。

2）BMS 未正常工作

当出现此现象时，可重点考虑以下几方面。

（1）BMS 供电电压不稳定：首先测量 BMS 供电电压是否稳定。

（2）CAN 线或低压电源线连接不可靠：这会导致通信故障。应对主板到从板或高压板的通信线、电源线进行检查，发现脱落断开的线束，应进行更换或重新连接。

（3）接线端子退针或损坏：这会导致从板无电源或从板数据无法传输到主板，应检查接线端子，并进行更换。

（4）主板故障：更换主板后故障解除则确定主板有故障。

3）电压采集异常

当出现电压采集异常现象时，应重点考虑下列几种情况。

（1）动力电池本身欠压：将监控电压值与万用表实际测量的电压值对比，确认故障后更换动力电池。

（2）采集线端子紧固螺栓松动或采集线与端子接触不良：这会导致单体电池电压采集不准，此时可轻摇采集线端子，确认接触不良后，应紧固或更换采集线。

（3）采集线熔丝损坏：测量熔丝阻值，若不符合规定，须进行更换。

（4）从板故障：若采集电压与实际电压不一致，则需要更换从板并收集现场数据，读取历史故障数据并分析。

4）温度采集异常

出现温度采集异常现象时，应重点考虑下列几种情况。

（1）温度传感器失效：若单个温度数据缺失，可检查中间对接插头，若无连接异常，可确定为传感器损坏，更换即可。

（2）温度传感器线束连接不可靠：检查中间对接插头或者控制口温度传感器线束，若发现松动或者脱落，应更换线束。

（3）BMS 存在硬件故障：监测发现 BMS 无法采集温度，并确认连接线束正常，则可判定为 BMS 硬件问题，应更换对应的从板。

5）绝缘故障

动力电池管理系统中工作线束的内芯与外壳短接、高压线破损与车体短接会导致绝缘故障，电压采集线破损与动力电池箱体短接也会导致绝缘故障。针对此类情况，可按下列方法诊断、维修。

（1）高压负载漏电：依次断开 DC/DC 转换器、充电机、空调等，直到故障解除，然后对故障件进行更换。

（2）高压线或连接器破损：使用兆欧表进行测量，确认故障后进行更换。

（3）动力电池箱进水或电池漏液：对动力电池箱内部进行处理或更换动力电池。

（4）电压采集线破损：确定动力电池箱内部漏电后检查采集线，若发现破损则进行更换。

（5）高压板检测误报：对高压板进行更换，更换后故障解除，则可确定高压板存在故障。

6）内外总电压检测故障

导致总电压检测故障的原因有：采集线与端子连接松动或脱落、螺帽松动、高压连接器松动、维修开关被按下等。实际检测过程中，可按下列方法进行处理。

（1）总电压采集线两端端子连接不可靠：用万用表测量检测点总电压并与监控总电压对比，然后检查线路，发现连接不可靠处则进行紧固或更换。

（2）高压回路连接异常：用万用表测量检测点总电压并与监控总电压进行对比，然后从检测点依次检查维修开关、螺栓、连接器、熔丝等，发现异常则进行更换。

（3）高压板故障：对比实际总电压和监控总电压，更换高压板后，若总电压恢复正常，则可确定为高压板故障，应予以更换。

7）预充电故障

导致预充电故障的原因有：总电压采集端子松动、脱落；主板控制线无 12V 电压，导致预充电继电器不闭合；预充电电阻损坏，导致预充电失败等。结合实车，可按以下几种情况分别进行检查。

（1）外部高压部件故障：当 BMS 报预充电故障时，断开总电源，若预充电成功，则表明故障由外部高压部件引起，应分段排查高压接线盒等处。

（2）主板故障，不能闭合预充电继电器：检测预充电继电器是否有 12V 电压，如果没有则更换主板，若更换后预充电成功，则为主板故障。

（3）主熔丝或预充电电阻损坏：测量对应的阻值，若异常则更换。

（4）高压板外部总电压检测故障：换高压板后预充电成功，则可确定为高压板故障。

8）无法充电

无法充电大致可分为两种情况：一种是接插件两端 CAN 线端子退针或脱落，导致主板与充电机无法通信，从而导致无法充电；另一种是充电熔丝损坏，导致充电回路无法形成，从而导致无法充电。实际车辆检测中若遇到无法充电的情况，可从以下几方面入手，进行故障维修。

（1）充电机与主板未正常通信：使用仪器读取整车 CAN 系统工作数据，若发现无充电机或者 BMS 工作数据，应立即检查 CAN 通信线束，若接插件接触不良或线路中断，应立即进行修复。

（2）充电机或主板故障，不能正常启动：对充电机或主板进行更换，然后重新加载电压，若更换后可以充电，则可确定为充电机或主板故障。

（3）BMS 检查到故障，不允许充电：通过监控判断故障类型，然后解决故障，直至充电成功。

（4）充电熔丝损坏，无法形成充电回路：使用万用表检测充电熔丝导通情况，若无法导通，应立即更换。

9）电流显示异常

动力电池管理系统控制线束的端子脱落或螺栓松动、端子或螺栓表面氧化均会导致电流误差。出现电流显示异常时，应仔细检查电流采集线的安装情况。

（1）电流采集线未正确连接：此时会导致电流正负颠倒，更换即可。

（2）电流采集线连接不可靠：首先应确定高压回路有稳定电流，当监控电流波动较大时，应检查分流器两端电流采集线，发现螺栓松动应立即紧固。

（3）检测端子表面氧化情况：首先应确定高压回路有稳定电流，当监控电流远低于实际电流时，应检测端子或螺栓表面是否有氧化层，若有则对其表面进行处理。

（4）高压板电流检测异常：断开维修开关后，若监控电流值在 0.2A 以上，则表明高压板电流检测异常，应对高压板进行更换。

10）高压互锁故障

打开 ON 挡，测量此处是否有高压输入，检查 4 个端子是否插接牢靠，并测量驱动端是否有 12V 电压（细线为电压驱动线）。按照具体情况，可分为以下三类。

（1）DC/DC 故障：测量 DC/DC 高压输入在打开 ON 挡时是否有短时高压，若有则确定为 DC/DC 故障，应予以更换。

（2）DC/DC 继电器端子未插接牢靠：检查继电器高、低压端子，重新插接牢靠。

（3）主板或转接板故障，导致 DC/DC 继电器不闭合：测量 DC/DC 继电器电压驱动端，若打开 ON 挡短时间无 12V 电压，则应更换主板或转接板。

任务分析

要解决任务引入中的问题，须对动力电池及其管理系统常见故障有一定的了解，并了解诊断方法。

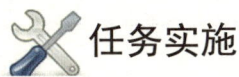任务实施

根据任务分析，本任务的重点是了解动力电池及其管理系统常见故障，能在实车上对常见故障进行诊断。

动力电池及其管理系统常见故障诊断　实训任务单

姓名		班别		学号	
实训车型	北汽 EV160/200	需要的检测设备	三件套、车轮挡块等		
实训目标	1. 能在实车上找出高、低压电源系统，明确其安装位置 2. 养成安全生产的习惯 3. 组员间合作学习，培养团结协作精神				

续表

一、根据实训内容，填写组员分工表

组员分工表

姓名	任务分工（完成步骤）

二、实训操作

1. 填写车辆信息

作业项目	作业内容
整车型号	
工作电压	
电池容量	
车辆识别代码	
电机型号	
里程表读数	

2. 故障诊断与排除过程

作业项目	作业内容	备注
确认故障现象		确认故障现象并记录
模块通信状态及故障码检查		

续表

正确读取数据	项目	数值	单位	判断	如果无相关数据则无须填写	
清除故障码并再次读取	确认故障码是否再次出现，并填写结果 □ 无 DTC □ 有 DTC					
确定故障范围	结合仪表状态、诊断数据和电路图分析最有可能的故障范围：					
基本检查	线路/连接器外观及连接情况 □正常　　□不正常＿＿＿＿＿＿＿＿＿＿＿＿＿＿＿＿ 零件安装等　□正常　□不正常＿＿＿＿＿＿＿＿＿＿				不拆装	
部件/线路测试	部件/线路范围	检查或测试后的判断结果			注明测试条件、接插件代码和编号、控制单元引脚代号及测量结果	
		□ 正常	□ 不正常			
		□ 正常	□ 不正常			
		□ 正常	□ 不正常			
		□ 正常	□ 不正常			
		□ 正常	□ 不正常			
		□ 正常	□ 不正常			
	波形采集（不用者不填）	□ 正常	□ 不正常			
故障部位确认和排除	故障类型	确认的故障位置	排除处理说明			
	线路故障		□更换　□维修　□调整			
	元件故障		□更换　□维修　□调整			

这次实训中，我的收获是：

 任务评价

任务评价见表5-2。

表5-2 任务评价

考核项目		评分标准	学生自评（20%）	小组互评（40%）	教师评价（40%）	小计
知识目标（30分）	能够表述动力电池常见故障及解决办法（15分）	能完整叙述				
	能够表述动力电池管理系统常见故障类型及解决办法（15分）	能完整叙述				
技能目标（50分）	能排除动力电池常见故障（25分）	会查找				
	能排除动力电池管理系统常见故障（25分）	会查找				
素质目标（20分）	安全、规范操作（5分）	做到做好				
	操作步骤、流程正确完整（5分）	正确熟练				
	团队合作（5分）	是否和谐				
	现场7S（5分）	是否做到				
总评						

 任务小结

（1）本任务的学习目标是：

（2）我的任务目标达成情况是：

（3）我今后的努力方向或改进方法：

项目 5　常见故障诊断

任务 5.2　充电系统常见故障诊断

思政目标

本任务通过学习充电系统系统常见的故障类型、原因及故障诊断方法，引导学生用事物是普遍联系的观点看待问题，培养学生勇于探索的创新精神及善于解决问题的实践能力，培养学生精益求精的专研精神。

知识目标	1. 能够表述快充系统常见故障及解决办法 2. 能够表述慢充系统常见故障及解决办法
技能目标	1. 能排除慢充系统常见故障 2. 能排除快充系统常见故障

任务引入

小张在一家新能源汽车 4S 店工作，今天接到一辆故障车，经检测判断是充电系统不正常。此时，需要你作为维修人员协助技术主管按照规范程序完成维修。

知识准备

一、充电系统常见故障的诊断与排除

1. 快充系统常见故障的诊断与排除

1）充电桩显示车辆未连接

检查快充口 CC_1 与 PE 之间是否有 1kΩ 电阻，检查快充口导电层是否脱落，检查充电枪 CC_2 与 PE 是否导通。

2）动力电池继电器未闭合

检查充电桩输出正极唤醒信号是否正常，检查充电桩输出负极唤醒信号与 PE 是否导通，检查充电桩 CAN 通信是否正常。

3）动力电池继电器正常闭合，但无输出电流

检查充电桩与动力电池 BMS 软件版本是否匹配，检查高压连接器及线缆是否正确连接，用诊断仪查看充电监控状态，以北汽 EV 系列车辆为例，见表 5-3。

表 5-3 充电监控状态表

名　　称	当　前　值
动力电池充电请求	请求充电
动力电池加热状态	未加热
动力电池当前充电状态	充电状态
动力电池允许最大充电电流	10.0A
动力电池加热电流请求值	6.0A
动力电池允许最高充电端电压	370.00V
剩余充电时间	0min
CHG 初始化状态	已完成
动力电池加热状态	停止加热
充电机当前充电状态	正在充电
充电机输出端电流	7.5A
充电机输出端电压	335.30V
充电机输出端过压保护故障	正常
充电机输出端欠压保护故障	正常
充电机输出电流过流保护故障	正常
充电机过温保护状态	正常

4）DC/DC 转换器不工作

检查连接器是否正常连接，检查高压熔丝是否熔断，检查使能信号输入是否正常（12V）。

2. 慢充系统常见故障的诊断与排除

下面以北汽 EV 系列车辆为例，介绍慢充系统常见故障的诊断与排除方法。

1）车辆无法充电

故障现象：车辆在使用充电桩充电时，充电桩指示灯亮，充电器工作指示灯亮，车辆无法充电。

可能原因：动力电池控制器故障、动力电池故障、通信故障。

故障诊断与排除：根据上述故障现象，充电桩指示灯和充电器工作指示灯正常，首先检查通信线路和动力电池内部，用故障检测仪检测故障码及数据流，读出故障码：P1048（SOC 过低保护故障）、P1040（单体电池欠压故障）、P1046（动力电池电压不均衡保护故障）。读出数据流：动力电池中单体电池最低电压为 2.56V。单体电池电压差大于 500mV 时动力电池管理系统启动充、放电保护而无法充电，更换单体电池，动力电池故障解除，车辆恢复充电。

故障分析：通过以上故障诊断与排除过程，总结动力电池充电的条件。

（1）充电桩与充电器或快充桩与动力电池的通信匹配。

（2）充电器能正常工作，无故障。

（3）整车控制器与充电器、动力电池控制器通信正常。

（4）唤醒信号正常。

（5）整车控制器和动力电池控制器的信号正常。

（6）单体电池之间电压差小于 500mV。

(7) 高压电路无绝缘故障。
(8) 动力电池内部温度在充电的温度范围内。

2) 充电时充电桩跳闸

故障现象：车辆在使用充电桩充电时，充电桩跳闸，充电器无法充电。

可能原因：充电器内部短路。

故障诊断与排除：检查确认充电桩交流 220V 电压、充电桩 CP 线与充电器连接正常，再检查确认充电线束、高压线束、充电器、动力电池的绝缘均正常，更换充电器，故障排除。

故障分析：此车的故障现象是充电桩跳闸，说明唤醒信号和互锁电路正常，基本可以断定是充电器内部短路故障。

3) 充电器指示灯不亮

故障现象：车辆在使用充电桩充电时，充电器指示灯不亮，车辆无法充电。

可能原因：充电器内部故障、充电唤醒信号中断或互锁电路故障。

故障诊断与排除：检查低压熔丝盒内的动力电池充电熔丝和充电器低压电源，将万用表旋到直流电压挡测量充电器低压电源正常，再检查确认充电系统接插件无退针、锈蚀现象，更换充电器，故障排除。

故障分析：检查确认充电器低压供电正常，而充电器指示灯不亮，基本确定为充电器内部故障。

二、北汽 EV200 慢充系统故障检测及维修实例

1. 指示灯都不亮的检修方法

当车载充电机的电源灯、工作状态灯和故障灯均不亮时，可按照下述方法进行检修。

(1) 测量充电桩端充电枪的 N 脚和车辆端的 N 脚导通，阻值应小于 0.5Ω，否则应更换充电线总成。

(2) 测量充电桩端充电枪的 L 脚和车辆端的 L 脚导通，阻值应小于 0.5Ω，否则应更换充电线总成。

(3) 测量充电桩端充电枪的 PE 脚和车辆端的 PE 脚导通，阻值应小于 0.5Ω，否则应更换充电线总成。

(4) 测量充电桩端充电枪的 CP 脚和车辆端的 CP 脚导通，阻值应小于 0.5Ω，否则应更换充电线总成。

(5) 测量充电桩端充电枪的 CP 脚和 PE 脚导通，阻值应小于 0.5Ω，否则应更换充电线总成。

(6) 测量充电线车辆端充电枪的 CC 脚和 PE 脚的阻值，16A 充电线阻值应为 $(680\pm3\%)\Omega$，32A 充电线阻值应为 $(220\pm3\%)\Omega$，否则应更换充电线总成。需要注意的是，在测量充电线阻值时，充电枪的解除锁止按键须保持在弹起状态。

(7) 如果充电线状态正常，但启动充电程序后，充电机指示灯仍旧都不亮，应首先检查确认接插件端子无烧蚀、虚接故障，然后继续对充电线束进行检测，充电口 L 脚与充电线束充电机接插件 1 脚应导通，阻值应小于 0.5Ω，如果不符合标准则更换充电线束。

（8）充电口 N 脚与充电线束充电机接插件 2 脚应导通，阻值应小于 0.5Ω，如果不符合标准则更换充电线束。

（9）充电口 PE 脚与充电线束充电机接插件 3 脚应导通，阻值应小于 0.5Ω，如果不符合标准则更换充电线束。

（10）充电口 CC 脚与充电线束充电机插接件 5 脚应导通，阻值应小于 0.5Ω，如果不符合标准则更换充电线束。

2. 无充电电流的检修方法

当出现车载充电机的电源指示灯和工作指示灯均正常点亮，但无充电电流的故障现象时，应检查动力电池的状态。首先确保高压线束接插件连接牢固，在充电状态下，连接诊断仪，并进入动力电池充电状态监控系统，根据动力电池充电状态界面显示的数据进行以下检查和分析。

（1）检查车辆端充电枪解除锁止按钮是否卡滞，是否完全复位。

（2）检查高压控制盒内车载充电机的熔断器是否损坏（第四个熔丝），如损坏则更换。

（3）检查高压线束高压控制盒接插件的 E 脚和车载充电机接插件的 B 脚的导通情况。在正常情况下，其阻值应小于 0.5Ω，如不符合标准则更换慢充线束总成。

（4）检查高压线束高压控制盒接插件的 F 脚和车载充电机接插件的 A 脚的导通情况，正常情况下，其阻值应小于 0.5Ω，如不符合标准则更换慢充线束总成。

（5）恢复车辆高压线束，在确保安全的情况下，测量充电时高压线束车载充电机接插件 A、B 脚之间的电压，如果电压与动力电池低压一致，则说明车载充电机损坏，应更换。

3. 无动力电池数据的检修方法

对车载充电机的数据进行分析时，如果系统没有显示动力电池的数据，则应检测充电唤醒信号及仪表充电指示灯是否点亮。

（1）如果充电指示灯未点亮，则检查前机舱低压电器盒 FB02 熔丝是否损坏。如损坏，则须对低压电机线束进行检测；如未损坏，则检查熔丝低压供电。

（2）如果低压供电无电压，则测量熔丝盒的供电端子与 FB02 熔丝。如不导通，则更换低压电器盒；如导通，则检查低压主熔丝。

（3）如果低压供电有电压，则检测 FB02 熔丝与熔丝盒背面 A6 接插件的 A8 端子导通情况。如果不导通，则更换低压电器盒；如导通，则检查低压电机线束。

（4）检测低压电器盒黑色接插件 J6 的 A8 脚与车载充电机的低压接插件 16 脚的导通情况。如果不导通，则检查线束，进行线束修复或更换；如果导通，则继续检测唤醒信号。

（5）检测低压线束车载充电机的低压接插件 15 脚与 VCU 接插件 113 脚的导通情况。如果不导通，则检查线束，必要时进行修复或更换；如果导通，则继续检测唤醒信号。

（6）连接好低压线束，在充电状态下测量 VCU 接插件 113 脚的电压情况。如果无电压，则更换充电机；如果 VCU 接插件 113 脚有电压，且线束恢复后，仍然没有充电指示，则检查充电连接确认信号。

（7）连接好低压线束，在充电状态下测量 VCU 接插件 36 脚的电压情况。正常情况下，该电压应低于 0.5V，否则应检查充电线束和车载充电机。

（8）检查动力电池唤醒信号，检测整车控制器接插件 81 脚与动力电池低压接插件 C 脚的导通情况。如果不导通，则检查线束，必要时进行修复或更换。

（9）检查动力电池总负继电器控制信号。检测整车控制器接插件 97 脚与动力电池低压接插件 F 脚的导通情况。如果不导通，则检查线束，必要时进行修复或更换。

（10）安装好线束，在充电状态下，检测动力电池低压接插件 C 脚的唤醒信号电压。正常情况下，该电压值应为 12V。否则，应检查整车控制器供电，读取整车控制器故障码。如果动力电池低压接插件 C 脚无唤醒信号电压，则更换整车控制器并测试。

任务分析

要解决任务引入中的问题，须对充电系统常见故障有一定的了解，并了解诊断方法。

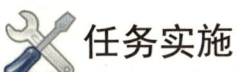
任务实施

根据任务分析，本任务的重点是了解充电系统常见故障，能在实车上对常见故障进行诊断。

充电系统常见故障诊断　实训任务单

姓名		班别		学号	
实训车型	北汽 EV160/200	需要的检测设备	三件套、车轮挡块等		
实训目标	1. 能在实车上找出充电系统 2. 养成安全生产的习惯 3. 组员间合作学习，培养团结协作精神				

一、根据实训内容，填写组员分工表

组员分工表

姓名	任务分工（完成步骤）

续表

二、实训操作

1. 填写车辆信息

作业项目	作业内容
整车型号	
工作电压	
动力电池容量	
车辆识别代码	
电机型号	
里程表读数	

2. 故障诊断与排除过程

作业项目	作业内容				备注
确认故障现象					确认故障现象并记录
模块通信状态及故障码检查					
正确读取数据	项目	数值	单位	判断	如果无相关数据则无须填写
清除故障码并再次读取	确认故障码是否再次出现,并填写结果 ☐ 无 DTC ☐ 有 DTC				
确定故障范围	结合仪表状态、诊断数据和电路图分析最有可能的故障范围:				

续表

基本检查	线路/连接器外观及连接情况 □正常 □不正常＿＿＿＿＿＿＿＿＿＿ 零件安装等 □正常 □不正常＿＿＿＿＿＿		不拆装
部件/线路测试	部件/线路范围	检查或测试后的判断结果	注明测试条件、接插件代码和编号、控制单元引脚代号及测量结果
		□正常 □不正常	
		□正常 □不正常	
		□正常 □不正常	
		□正常 □不正常	
		□正常 □不正常	
		□正常 □不正常	
	波形采集（不用者不填）	□正常 □不正常	
故障部位确认和排除	故障类型	确认的故障位置	排除处理说明
	线路故障		□更换 □维修 □调整
	元件故障		□更换 □维修 □调整

这次实训中，我的收获是：

任务评价

任务评价见表 5-4。

表 5-4 任务评价

考核项目		评分标准	学生自评（20%）	小组互评（40%）	教师评价（40%）	小计
知识目标（30分）	能够表述快充系统常见故障及解决办法(15分)	能完整叙述				
	能够表述慢充系统常见故障及解决办法(15分)	能完整叙述				
技能目标（50分）	能排除慢充系统常见故障（25分）	会查找				
	能排除快充系统常见故障（25分）	会查找				

续表

考核项目		评分标准	学生自评（20%）	小组互评（40%）	教师评价（40%）	小计
素质目标（20分）	安全、规范操作（5分）	做到做好				
	操作步骤、流程正确完整（5分）	正确熟练				
	团队合作（5分）	是否和谐				
	现场7S（5分）	是否做到				
总评						

 任务小结

（1）本任务的学习目标是：

（2）我的任务目标达成情况是：

（3）我今后的努力方向或改进方法：